Das Grillbuch

DAS GRILLBUCH

Fotos
Mathias Neubauer

teNeues

Inhaltsverzeichnis

Sofern nicht anders angegeben, sind die Rezepte in diesem Buch für 4 Portionen.

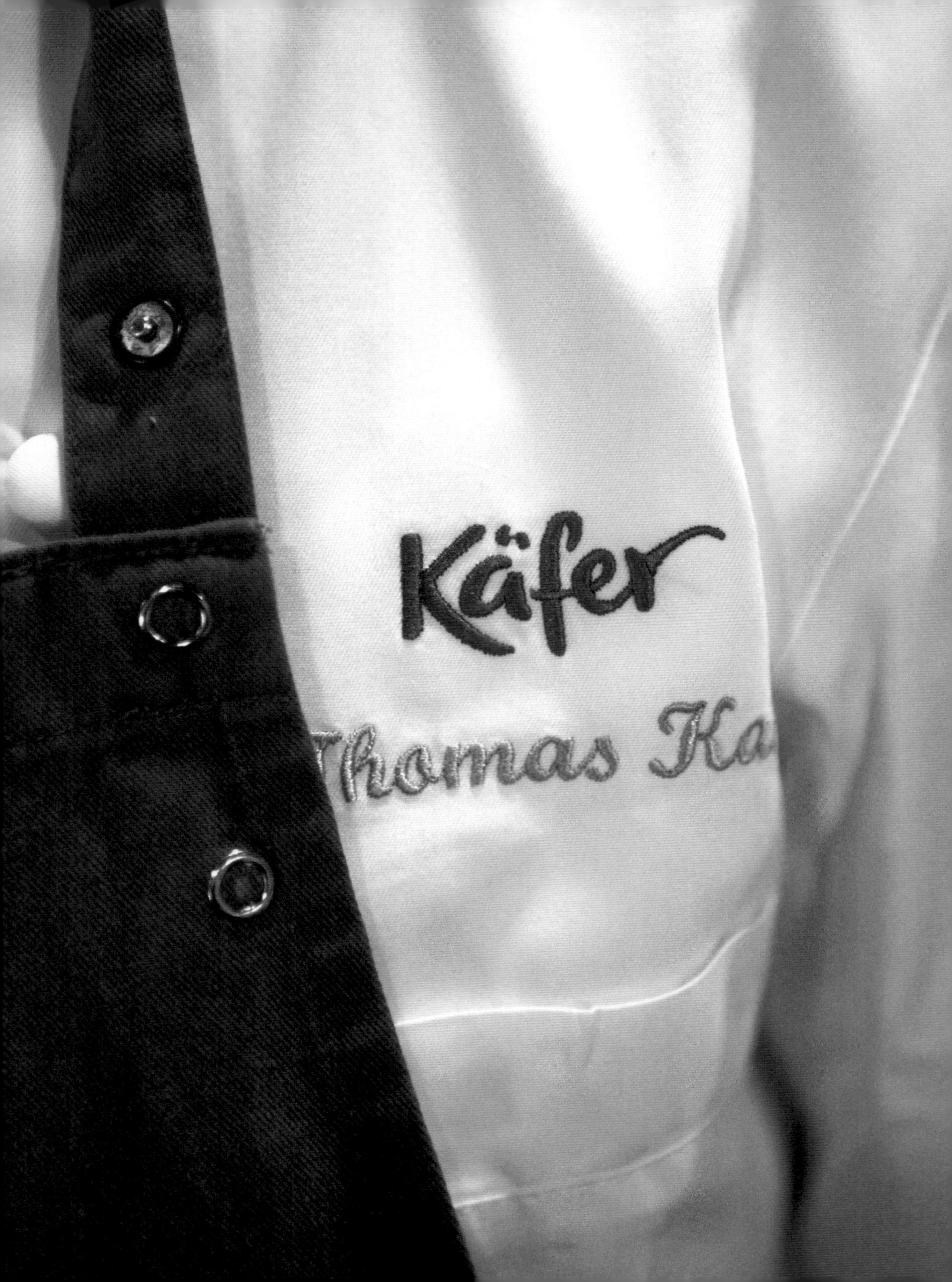
Käfer

Vorwort

In Sachen Grillen sind wir Deutschen relative Spätstarter – erst in den 1970er Jahren ist es hierzulande populär geworden. Allein der Geruch, der an schönen Sommerabenden in der Luft liegt, verheißt Freiheit, Geselligkeit und unbeschwerten Genuss. Im Laufe der Jahre sind auch die Rezepte rund um den Grill raffinierter und vielseitiger geworden. Die Klassiker Rind und Schwein sind zwar immer noch die Favoriten, aber auch Fisch, Geflügel, Vegetarisches und sogar Süßes lässt sich über dem offenen Feuer sensationell gut zubereiten. Unser Küchenchef Thomas Kahl hat sich für Sie an den Grill gestellt, vieles ausprobiert und 30 besondere Grillrezepte ausgetüftelt.

Schwierig oder kompliziert ist keines davon, und manche könnte man an kalten Tagen auch guten Gewissens in der Pfanne zubereiten. Eines haben sie aber alle gemeinsam: hochwertige Zutaten. Gerade bei Fleisch ist beste Qualität der Erfolgsfaktor schlechthin, und die Fachleute in den guten Metzgereien können Sie entsprechend beraten. Auch aromatische Gewürze sind wichtig, denn sie verleihen Saucen und Marinaden den optimalen Geschmack. Exemplarisch stellen wir Ihnen in diesem Buch einige unserer langjährigen Lieferanten für verschiedenste Produkte vor, bei denen wir überzeugende Qualität und eine unserer Philosophie entsprechende Leidenschaft gefunden haben. Und weil erst ein schönes Glas Wein den Genuss richtig rund macht, geben wir Ihnen zu vielen Rezepten den passenden Tipp.

Und nun haben Sie die Qual der Wahl, welches Gericht Sie als Erstes ausprobieren möchten. Ich bin sicher, schon aufgrund der wunderschönen Fotos von Mathias Neubauer wird Ihnen dies nicht ganz leicht fallen. Viel Spaß beim Nachgrillen!

Ihr Michael Käfer

Rinderfilet

mit Starkbier und Café-de-Paris-Butter

Für das Fleisch

1 Vanillestange
330 ml Starkbier
½ Sternanis
1 TL Fenchelsaat
90 ml Zuckerrübensirup
60 ml Aceto balsamico
4 Rinderfilets (à 140 g)

Für den Lauch

2 Stangen Lauch
Orangenöl

Für die Café-de-Paris-Butter

1 Knoblauchzehe
1 kleine Schalotte
5 Sardellenfilets
1 Stängel Estragon
2-3 Stängel Petersilie
125 g weiche Butter
Saft und Schale von ½ Zitrone
40 ml Kalbsjus
½ TL Currypulver
½ TL Paprikapulver
Cayennepfeffer
Tabasco
Worchestersauce

1 Die Vanilleschote der Länge nach aufschlitzen und das Mark herauskratzen. Das Starkbier mit Vanillemark, -schote und Sternanis aufkochen und bei kleiner Hitze auf ca. 120 ml einkochen lassen. Im Anschluss auskühlen lassen. Die Fenchelsaat leicht in einer Pfanne ohne Öl anrösten und im Mörser zerstoßen. Fenchelsaat, Zuckerrübensirup und Essig ins Starkbier rühren.

2 Die Rinderfilets mit dem Handballen etwas flach drücken. Dann in ein verschließbares Gefäß geben, die Marinade darüber geben und für ca. 4 Std. ziehen lassen, dabei nach der Hälfte der Zeit wenden.

3 Den Knoblauch und die Schalotte schälen und fein hacken, Sardellenfilets ebenfalls fein hacken. Estragon und Petersilie waschen, trocken schütteln und fein hacken. Die Butter schaumig aufschlagen, dann Knoblauch, Schalotten, Kräuter, Zitronensaft und -schale, Kalbsjus sowie die Gewürze unterrühren. Die Mischung in einen Spritzbeutel füllen, in Tupfen auf Backpapier spritzen und kühl stellen.

4 Den Lauch putzen und die Lauchstangen halbieren. Reichlich Wasser mit Salz zum Kochen bringen, die Lauchstangen darin 2-3 Min. blanchieren. Dann aus dem Wasser nehmen und auf Küchenpapier abkühlen lassen.

Salz
Pfeffer aus der Mühle

5 Den Grill anheizen. Den Rost leicht mit Öl einpinseln. Die Rinderfilets auf den heißen Grill legen und je nach Vorliebe der Garstufe auf jeder Seite 2-5 Min. garen. Die fertigen Filets in Alufolie wickeln und 5-10 Min. ziehen lassen. Inzwischen den Lauch ebenfalls auf den heißen Grill legen und ca. 6 Min. garen, dabei einmal wenden.

6 Zum Servieren den weichen Lauch vom Grill nehmen, die äußere Schicht entfernen. Dann den Lauch mit Salz und Pfeffer würzen und mit Orangenöl beträufeln. Das Filet anschneiden und mit Café-de-Paris-Butter servieren.

Entrecôte vom Grill

mit Trüffel-Béarnaise und kleinen Ofenkartoffeln

Für das Fleisch

4 Entrecôtes (à 220g)

Für die Kartoffeln

500g junge Kartoffeln
1 Zweig Thymian

Für die Béarnaise

200g Butter
200ml Weißwein
1 kleine Schalotte
1 EL Champagneressig
2 Zweige Estragon
¼ Lorbeerblatt
4 Pfefferkörner
2 Eigelbe
2 warme Kalbsjus
Worchestersauce
Zitronensaft
Trüffel nach Belieben
1 TL Trüffelöl

Außerdem

Olivenöl
Salz
Pfeffer aus der Mühle

1 Die Entrecôtes mit Küchenpapier abtupfen. Den Fettrand einschneiden, damit sich die Scheiben beim Braten nicht wölben. Fleisch kräftig mit Olivenöl einreiben, in Frischhaltefolie wickeln und kühl stellen.

2 Die Kartoffeln waschen und in reichlich Wasser mit Salz in ca. 20 Min. garen. Abkühlen lassen und halbieren. Die Schnittflächen mit Olivenöl einstreichen. Den Thymian waschen, trocknen und abzupfen.

3 Die Butter klären. Dafür die Butter in einem Topf bei schwacher Hitze schmelzen lassen. Kurz aufschäumen lassen, den Schaum abschöpfen und die Butter wieder leicht abkühlen lassen. Evtl. die Butter durch ein sauberes Haushaltstuch passieren, um die Trübstoffe zu entfernen.

4 Die Schalotte schälen und klein schneiden, Estragon waschen und trocknen. Weißwein mit Schalotte, Essig, 1 Zweig Estragon, Lorbeerblatt und Pfefferkörnern aufkochen und auf ca. 80ml einkochen lassen. Dann durch ein feines Sieb passieren. Den Fond etwas auskühlen lassen, dann mit den Eigelben in eine Schüssel aus Glas oder Metall geben.

5 In einem Topf Wasser leicht siedend erhitzen. Die Eigelbmischung über dem heißen Wasserbad cremig aufschlagen. Die Rührschüssel darf dabei das Wasser nicht berühren, sonst stockt das Eigelb.

6 Die Schüssel vom Topf nehmen und langsam die geklärte Butter einlaufen lassen, dabei ständig rühren. Zum Schluss die Kalbsjus beigeben. Die Sauce

mit Salz, Pfeffer, Zitronensaft und Worchestersauce abschmecken. Den restlichen Estragon abzupfen, hacken, Trüffel ebenfalls fein hacken. Beides unter die Sauce rühren. Mit Trüffelöl abschmecken.

7 Das Fleisch rechtzeitig vor dem Grillen aus dem Kühlschrank nehmen, damit es Zimmertemperatur annehmen kann. Den Holzkohlegrill anheizen. Den Grillrost leicht ölen und die Steaks auf dem heißen Rost bei starker Hitze pro Seite 3-5 Min. grillen. Dann bei schwacher Hitze hoch über der Glut noch 5 Min. nachziehen lassen.

8 Die Kartoffeln mit der Schnittfläche nach unten auf den heißen Rost legen und ca. 5 Min. grillen. Danach den Thymian über die Kartoffeln streuen. Die Steaks mit der Sauce und den Grillkartoffeln servieren.

Weinempfehlung
Entrecôte

Luce
Luce della Vite

Toskana, Italien

Sein Bouquet ist mächtig, komplex und sehr tief: Dunkle Beeren, wie schwarze Johannisbeere und Brombeere, Nelke und Pfeffer. Der Wein aus Sangiovese, Merlot und Cabernet Sauvignon passt hervorragend zu rotem Grillfleisch und einem Entrecôte.

Luce della Vite

WEINE AUS LEIDENSCHAFT

Das Weingut Luce della Vite entstand 1995 aus dem Traum und Willen zweier Weinvisionäre: Marchese Vittorio Frescobaldi aus Florenz und Robert Mondavi aus Kalifornien. Durch die Verbindung ihrer Leidenschaft und Kultur wollten sie gemeinsam einen außergewöhnlichen, andersartigen Wein im Herzen von Montalcino zum Leben erwecken. Ihre Söhne Lamberto und Tim, damals junge Önologen, setzen ihre Vision schließlich um, indem sie Sangiovese und Merlot miteinander vermählten und damit den ersten Wein im Montalcino in dieser Kombination kreierten.

Das einzigartige Etikett der Luce-Sonne ist inspiriert am Hochaltar der Basilika Santo Spirito in Florenz. Der 2012er Luce stellt den 20.Jahrgang des Weinguts dar.

T-Bone vom Grill
mit Pilzen

Für das Fleisch

20 Kubebenpfefferkörner
3 Knoblauchzehen
50 ml Ketjap Manis
30 ml helle Sojasauce
30 g Austernsauce
1 EL Sambal oelek
1 EL Curryketchup
50 ml Whiskey
20 ml Räucheröl
2 T-Bone-Steaks
(küchenfertig, à 1 kg)
2 frische Lorbeerblätter
grobes Meersalz

Für die Pilze

500 g gemischte Pilze
1 Schalotte
2 Frühlingszwiebeln
10 getrocknete Tomaten
1 kleiner Zweig Thymian
60 g Butter
Salz
Pfeffer aus der Mühle
1 EL Schnittlauchröllchen
1 Handvoll Kartoffelchips

1 Den Pfeffer in einer Pfanne ohne Fett anrösten, im Anschluss im Mörser fein zerstoßen. Den Knoblauch schälen und fein hacken. Ketjap Manis, Sojasauce, Austernsauce, Sambal oelek, Curryketchup, Whiskey und Räueröl verrühren. Die Steaks mit der Marinade einstreichen, in ein passendes Gefäß geben und die Lorbeerblätter hinzulegen. Die Steaks ca. 12 Std. gekühlt ziehen lassen.

2 Die Pilze gründlich putzen. Die Schalotten schälen und fein würfeln. Die Frühlingszwiebeln putzen und in feine Ringe schneiden. Die getrockneten Tomaten fein würfeln. Den Thymian waschen und trocken schütteln. Die Butter in einer Pfanne erhitzen, Schalottenwürfel und Pilze darin anschwenken. Die Tomaten hinzugeben, den Thymian und die Frühlingszwiebeln hinzugeben, alles mit Salz und Pfeffer kräftig abschmecken.

3 Den Grill anheizen. Den Rost leicht mit Öl einpinseln. Die Steaks bei direkter Hitze auf dem heißen Grill von beiden Seiten anbraten, dann zu indirekter übergehen. Die Steaks nach Möglichkeit abdecken und 35-40 Min. garen. Dabei öfter wenden. Das fertige Fleisch vom Grill nehmen und mit etwas grobem Meersalz bestreuen.

4 Zum Servieren den Thymian von den Pilzen entfernen, den Schnittlauch unterrühren. T-Bone-Steaks mit den Pilzen sowie Kartoffelchips servieren.

Florian Achmann,
Abteilungsleiter Fleisch und Wurst,
Käfer Feinkostladen

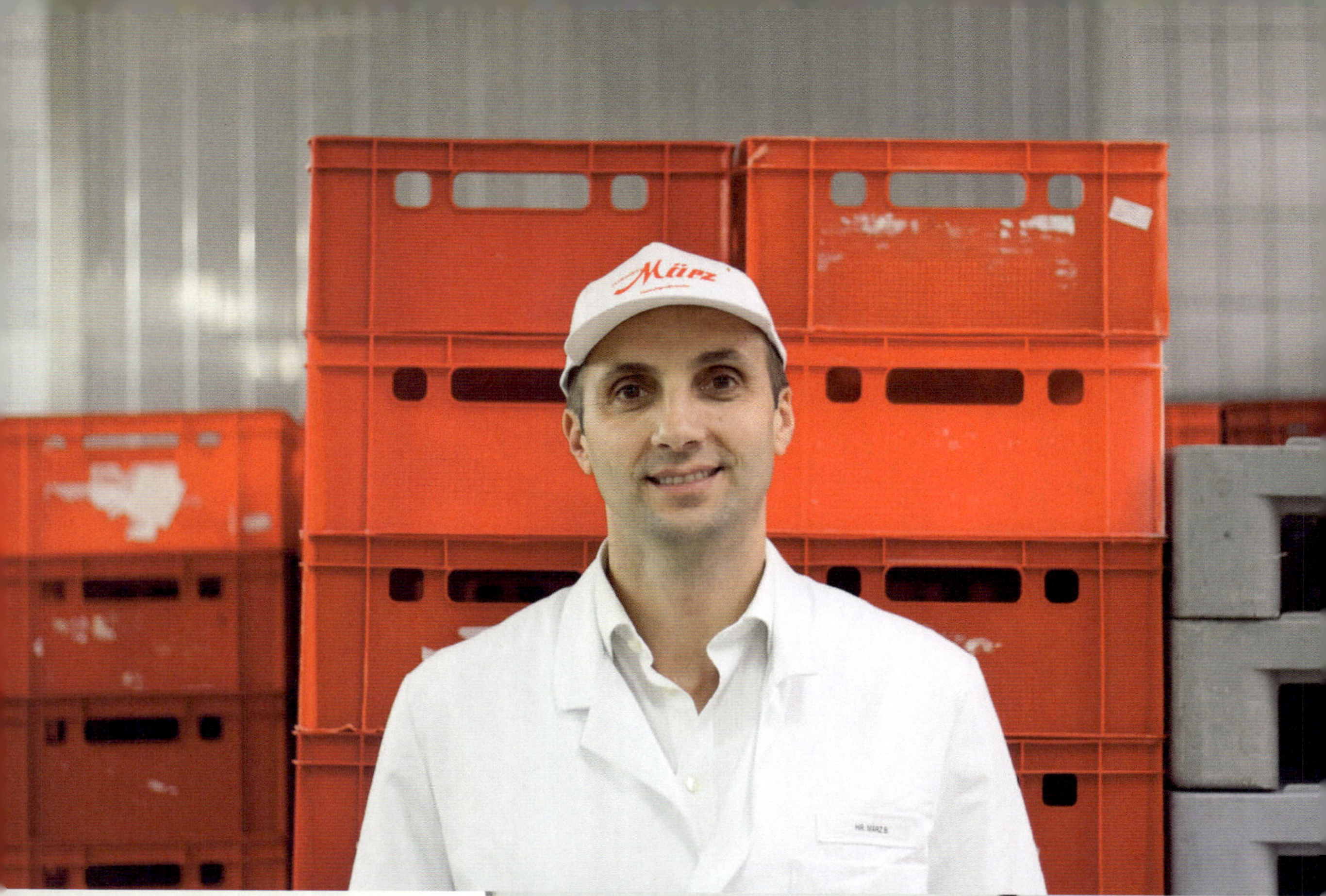

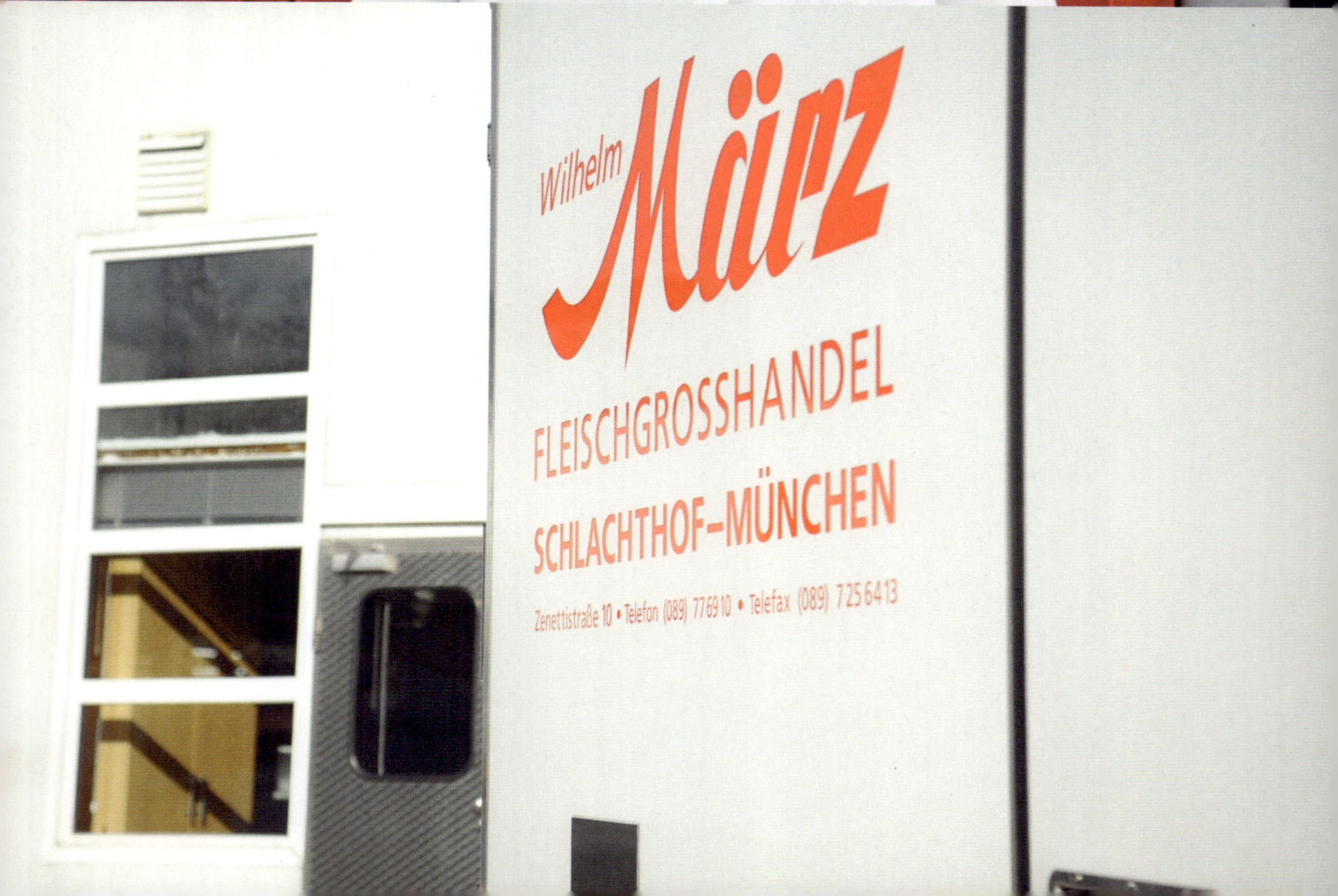
Wilhelm März
FLEISCHGROSSHANDEL
SCHLACHTHOF–MÜNCHEN
Zenettistraße 10 • Telefon (089) 776910 • Telefax (089) 7256413

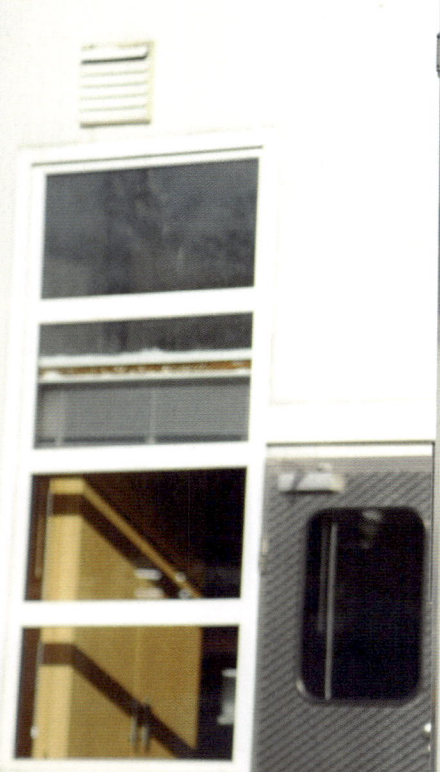

Wilhelm März

Wilhelm März Fleischgroßhandel steht für Kompetenz, beste Qualität und Frische. Es ist ein bayerischer Betrieb mit handwerklicher Tradition, engagierten Mitarbeitern und einem Sortimentsangebot, das sich an den individuellen Bedürfnissen seiner Kunden orientiert. Im modernen Betrieb im Münchener Schlachthofviertel wird täglich Fleisch nach höchstem Qualitäts- und Hygienestandards verarbeitet.

CREEKSTONE FARMS

Die Erfolgsgeschichte begann vor mehr als zehn Jahren. Kleine, unabhängige Rinderzüchter im mittleren Westen der USA schlossen sich zu den »Creekstone Farms« zusammen und verpflichteten sich, die strengsten Auflagen des US-Landwirtschaftsministeriums (USDA) und der EU-Kommission zu erfüllen. Sie stellten Qualität vor Quantität und eine einwandfreie genetische Herkunft und humane Behandlung der Rinder über alles. Sie garantieren eine 100%ige pflanzliche Fütterung ohne Antibiotika, Hormone oder tierische Rohstoffe.

Das Rindfleisch von den »Creekstone Farms« gehört zum qualitativ hochwertigsten Rindfleisch, das es weltweit zu kaufen gibt. Je nach Grad der Marmorierung wird das Fleisch klassifiziert, die beste Qualität ist das »prime beef«. Und das bekommen Sie via März Fleischgrosshandel auch bei Käfer. Etwa in Form von Ribeye, T-Bone oder Dry Aged Beef. Das Letztere – trocken abgehangenes, knapp über dem Gefrierpunkt gereiftes Rind – hat in den USA bereits Kultcharakter. Und auch bei Käfer kommen immer mehr Steak-Liebhaber auf den Geschmack.

Striploin vom Grill
mit Croûtons und Parmesan

Für die Croûtons

100 g Baguette
2 Knoblauchzehen
2 kleine Zweige Rosmarin
2 kleine Zweige Thymian

Für das Fleisch

600 g US-Striploin-Steak am Stück
grobes Meersalz
schwarzer Pfeffer aus der Mühle

Außerdem

Olivenöl
60 g Rucola
80 g Parmesan
Olivenöl
Zitronensaft
Salz
Pfeffer aus der Mühle

1 Das Baguette in 1-2 cm große Stücke schneiden. Die Knoblauchzehen etwas andrücken, die Kräuter waschen und trocken schütteln. Etwas Olivenöl in einer Pfanne erhitzen und die Brotstücke darin mit den Kräutern sowie den Knoblauchzehen goldbraun anrösten. Dann zum Abtropfen auf Küchenpapier geben. Vom Thymian die Blätter ablösen, fein hacken und mit den Croûtons vermischen.

2 Den Salat putzen und waschen, dann mit etwas Olivenöl und Zitronensaft marinieren. Mit Hilfe eines Gemüseschälers vom Parmesan Späne abhobeln.

3 Vom Fleisch 5 mm dicke Scheiben schneiden. Diese mit Meersalz würzen und mit etwas Öl einpinseln. Den Grill anheizen, und das Fleisch darauf von beiden Seiten sehr kurz scharf grillen, sodass ein Grillmuster entsteht.

4 Das Fleisch auf einer Platte leicht überlappend anrichten, mit Pfeffer würzen und etwas Zitronensaft sowie Olivenöl darüber träufeln. Den Salat dazu anrichten und alles mit Brotcroûtons und Parmesanspänen garnieren.

Rosmarin, Dachgarten,
Käfer Feinkostladen

Flanksteakburger

mit würzigen Saucen

Für das Fleisch

600 g Flanksteak
150 ml helle Sojasauce
60 g Akazienhonig
2 Chilischoten
6 Zweige Koriander
1 EL Sambal oelek
150 ml Olivenöl

Für die Mayonnaise

1 Eigelb
1 EL Senf
Weißweinessig
200 ml Pflanzenöl
Saft und Abtrieb von 1 Bio-Zitrone
Worcestershiresauce

Für die Sauce

200 ml Orangensaft
50 ml Branntwein
2 Eigelbe
2 EL Senf
Weißweinessig
300 ml Pflanzenöl
Etwas Zitronensaft
100 g Ketchup
30 g geriebenen Meerrettich

Für den Burger

1 kleiner Kopfsalat
2 Tomaten
½ Gurke
4 Essiggurken
1 Zwiebel
4 Burger Buns mit Sesam

1 Die Chilischoten waschen, entkernen und klein schneiden. Sojasauce, Honig, Sambal Oelek und Olivenöl verrühren, Chili unterrühren. Das Fleisch in ein Gefäß geben, die Marinade drüber verteilen. Den Koriander waschen und die Zweige zum Fleisch legen. Kühl gestellt ca. 6 Std. ziehen lassen.

2 Für die Mayonnaise das Eigelb mit Senf, Essig und etwas Salz verrühren. Das Öl unter ständigem Rühren einlaufen lasse, sodass eine Mayonnaise entsteht. Diese mit Zitronensaft, -schlae und Worcestershiresauce abschmecken.

3 Orangensaft und Branntwein aufkochen und auf die Hälfte einkochen lassen. Die Eigelbe mit Senf, Essig und etwas Salz verrühren. Das Öl unter ständigem Rühren einlaufen lassen, sodass eine Mayonnaise entsteht. Ketchup, Meerrettich und die Orangensaftreduktion untermischen und die Sauce mit Salz, Pfeffer und Zitronensaft abschmecken.

4 Vom Kopfsalat putzen und waschen, trocknen und beiseite stellen. Tomaten und Gurken waschen und in Scheiben schneiden. Die Essiggurken ebenfalls in Scheiben schneiden. Die Zwiebel schälen und in feine Ringe schneiden. Die Buns quer halbieren.

5 Den Grill anheizen. Den Rost leicht mit Öl einpinseln. Die Flanksteaks aus der Marinade nehmen und diese leicht abstreifen. Dann die Steaks für 7-10 Min. auf den heißen Grill legen, dabei wenden. Vom Grill nehmen und mit Salz und Pfeffer nachwürzen. Dann ca. 5 Min. ruhen lassen. Die Speckscheiben auf

8 Scheiben Speck
4 schwarze Oliven ohne Kern
4 Kirschtomaten

Außerdem

Salz
Pfeffer aus der Mühle
4 Holzspieße

dem Grill knusprig grillen. Die Brothälften amit der Schnittfläche nach unten auf indirekter Hitze schön goldbraun anrösten.

6 Zum Servieren die Steaks in dünne Scheiben schneiden. Die Burger ganz nach Belieben mit Salatblättern, Gurke, Tomate, Zwiebel, Essiggurken und Speck belegen, die Saucen darauf verteilen und die Brotdeckel auflegen. Kirschtomaten waschen und mit jeweils einer Olive auf die Holzspieße stecken, diese in die Mitte der Burger stechen.

Weinempfehlung
Burger

Rubicon
Meerlust Wine Estate

Stellenbosch, Südafrika

Stellenbosch ist das historische Herz und qualitatives Vorbild des hiesigen Weinbaus. Rubicon, das Flaggschiff des Weingutes und eine Cuvée aus Cabernet Sauvignon, Merlot, Cabernet Franc und Petit Verdot besticht durch seine Tiefe, Cremigkeit und konzentrierten Frucht. Toastaromen, Tabak, Pflaume und Kakao. Ein idealer Begleiter zu dem gewürzten Flanksteakburger.

Kalbsrückenröllchen

mit Tagliolini, Taleggio und Avocado

Für die Röllchen

125 g frische Tagliolini
3 EL Olivenöl
8 Schnitzel vom Kalbsrücken (á 70 g)
180 g Taleggio
Muskatnuss

Für die Guacamole

2 reife Avocados
Saft von 1 Limette
1 kleine. rote Chilischote
60 g Joghurt
1 Knoblauchzehe
2–3 Stängel Koriandergrün
Cayennepfeffer
Pfeffer aus der Mühle
Sesamöl

Außerdem

Salz
Öl
16 Zahnstocher

1 Die Zahnstocher 30 Min. in kaltes Wasser einlegen. Reichlich Wasser mit Salz zum Kochen bringen und die Pasta darin unter mehrmaligen Umrühren in 2–3 Min. al dente kochen. Durch ein Sieb abgießen, auf ein Blech geben und das Olivenöl darüber geben. Durchmischen, mit Salz und Muskat würzen und auskühlen lassen.

2 Die Kalbsrückenschnitzel in eine Form von ca. 8 x 12 cm plattieren. Den Taleggio in 8 Streifen schneiden. Nun die plattierten Kalbsschnitzel nebeneinander legen. Jeweils am Anfang Tagliolini verteilen und ein Stück Käse dazu legen. Die Nudeln und der Käse sollten bis zum Rande des Fleisches gehen. Nun jedes einzelne Kalbsschnitzel einrollen und mit den Zahnstochern vorsichtig verschließen.

3 Die Avocados halbieren und Kerne entfernen. Das Avocadofleisch herauslöffeln, klein würfeln, in eine Schüssel geben, sofort mit dem Limettensaft beträufeln und gut durchrühren. Die Chilischote waschen, entkernen und klein schneiden. Den Knoblauch schälen und klein schneiden. Koriander waschen, trocken schütteln und abzupfen. Die Blätter in Streifen schneiden. Alles mit dem Joghurt unter die Avocadowürfel rühren. Die Guacamole mit Cayennepfeffer, Pfeffer, Salz und Sesamöl abschmecken.

4 Den Grill anheizen. Den Rost einölen. Die Kalbsröllchen auf dem heißen Grill bei mittlerer Hitze ca. 15 Min. grillen, bis sie schön gebräunt sind. Dabei öfter wenden. Anschließend die Röllchen mit der Guacamole garniert servieren.

Weinempfehlung
Kalbsrücken

Cabernet-Merlot
Robert Schlumberger

Thermenregion, Österreich

Die beiden klassischen Rebsorten
für Bordeaux Cuvées schenken
diesem Wein seinen außerge-
wöhnlichen Charakter. Robert
Schlumberger selbst war es, der
Mitte des 19. Jahrhunderts diese
Rebsorten nach Österreich brachte.
Tiefdunkles Rubinrot im Glas,
in der Nase intensive schwarze
Beerenfrucht, frische Weichseln,
feine Anklänge nach Tabak und
Edelholz.

Thomas Kahl, Küchenchef
Restaurant Käfer-Schänke

Schlumberger
PRIVATKELLER

Robert Schlumberger
WEINGUT MIT TRADITION

Das Weingut Robert Schlumberger zählt zu den traditionsreichsten Erzeugern in Österreich. Die Familie Schlumberger hat nicht nur die traditionelle Flaschengärung nach Österreich gebracht, sie war auch Pionier im Rotweinanbau, denn sie kultivierte als Erste in Österreich die großen Bordelaiser Rebsorten Cabernet Sauvignon, Cabernet Franc und Merlot und hat damit internationalen Ruf erlangt. 30 km südlich von Wien, an den Südosthängen des Harzbergs liegt Bad Vöslau, das Zentrum des Weinbaugebietes Thermenregion und seit Mitte des 19. Jahrhunderts berühmt durch seine Schaum- aber auch Rotweine. Auf 10 Hektar Rebfläche wird im Weingut Robert Schlumberger 2/3 Cabernet Sauvignon sowie 1/3 Merlot und etwas Cabernet Franc kultiviert. Es wird nur ein einziger Wein produziert – und auch das nur in guten Jahren. Der Vergleich mit der Champagne, die auf derselben geographischen Breite liegt, ist durchaus statthaft.

Önologe: Johann Grames
Bodenart: Braunerde, teilweise mit Lehm- und Schotteranteil
Besondere Lagen: Goldeck, Hupfenberg, Oberkirchen

Caipirinha-Kalbsfilet

mit Grilltomaten

Für das Kalbsfilet

500 ml Zuckerrohrschnaps
2 EL brauner Zucker
1 Bio-Limette
8 Kalbsmedaillons (á 70 g)
grobes Meersalz
schwarzer Pfeffer aus der Mühle

Für die Grilltomaten

4 große Tomaten
1 Zweig Rosmarin
1 Zweig Thymian
2-3 Stängel Minze
½ Bio-Orange
3-4 EL Olivenöl

Außerdem

Salz
Schwarzer Pfeffer aus der Mühle

1 Den Zuckerrohrschnaps mit dem Zucker aufkochen und auf ca. 250 ml einkochen lassen. Vom Herd nehmen und abkühlen lassen.

2 Die Limette waschen, abreiben und auspressen. Den Limettensaft und die Hälfte der Schale in den Sirup rühren. Die Kalbsmedaillons mit dem Sirup in ein Gefäß geben und 2-3 Std. kühl stellen. Die Medaillons nach der Hälfte der Marinierzeit wenden.

3 Die Tomaten waschen, trocknen und halbieren. Die Kräuter waschen, trocken schütteln, abzupfen und fein hacken. Die Orange abreiben. Das Olivenöl mit Kräutern, Orangenschale und der restlichen Limettenschale vermischen, die Tomaten damit einreiben.

4 Den Grill anheizen. Das Fleisch aus der Marinade nehmen, mit Salz und Pfeffer würzen. Dann die Medaillons dem heißen Grill von beiden Seiten 3-4 Min. grillen, sodass sie innen noch leicht rosa sind.

5 Die Tomaten erst mit der Schnittfläche nach unten auf den Grill legen und ca. 1 Min. angrillen. Dann umdrehen und fertig garen. Dazu empfehlen wir gegrillten Minimais und z.B. eine Käfer Grillsauce.

Tomaten der Sorte »Alte Tomaten«,
Gemüse- und Obstabteilung,
Käfer Feinkostladen

Le Paludier

MEERSALZ – LE PALUDIER, GUÉRANDE

Das grobe Salz »Le Paludier de Guérande« wird von Hand in den Salzgärten der Guérande nach traditionell überlieferter Methode geerntet.

Das natürliche graue Salz ohne Zusatzstoffe ist das Ergebnis traditioneller Handwerkskunst. Es wird an besonders sonnigen und windstillen Tagen vorsichtig händisch mit einer Kelle abgeschöpft.

Nach der Ernte wird das Salz zum Abtropfen in der Sonne ausgebreitet. Der durch die Feuchtigkeit erhaltene Schmelz wird den Geschmack Ihrer Speisen angenehm hervorheben. Dieses graue Meerkochsalz eignet sich hervorragend für Salzkrusten an Fisch und Fleisch, passt aber auch zu Gegrilltem wunderbar und zu allen Speisen, die einer Prise Salz bedürfen.

Ibérico-Spareribs

mit Knoblauchdip

Für die Spareribs

1 Karotte
¼ Knollensellerie
1 Stück Lauch
1 Stange Staudensellerie
1 Tomate
1 weiße Zwiebel
1 Lorbeerblatt
10 Pfefferkörner
5 Wacholderbeeren
4 Sparerribs vom Ibérico
(küchenfertig, à 500 g)
Salz

Für die Marinade

150 g Ketchup
15 g Honig
40 ml Orangensaft
40 g süße Chilisauce
2 TL Currypulver
1 Msp. gemahlener Kreuzkümmel
1 kleine Knoblauchzehe

Für den Knoblauch-Dip

½ Bund Petersilie
3 Knoblauchzehen
250 g Joghurt
Abrieb von 1 Bio-Orange und 1 Bio-Zitrone
4 EL Olivenöl
Salz
Pfeffer aus der Mühle
Chili aus der Mühle

1 Für die Rippchen das Gemüse vorbereiten: Karotte, Knollensellerie und Zwiebel schälen, den Lauch putzen, Staudensellerie und Tomate waschen. Alles in Stücke schneiden. Reichlich Wasser in einem Topf zum Kochen bringen, das Gemüse sowie die Gewürze mit den Spareribs hineingeben und für ca. 30 Min. köcheln lassen. Die gegarten Spareribs herausnehmen und etwas auskühlen lassen.

2 Für die Marinade die Knoblauchzehe schälen und fein hacken. Ketchup, Honig, Orangensaft, Chilisauce und die Gewürze sowie den Knoblauch verrühren. Die gegarten Spareribs mit der Marinade einstreichen und im Kühlschrank ca. 12 Std. ziehen lassen.

3 Für den Dip die Petersilie waschen, trocken schütteln und hacken. Die Knoblauchzehen schälen und fein hacken. Joghurt mit Orangen- und Zitronenabrieb, Olivenöl, Petersilie und Knoblauch verrühren und mit Salz, Pfeffer und Chili abschmecken.

4 Den Grill anheizen. Den Rost leicht mit Öl einpinseln. Die Spareribs heiß grillen, bis sie schön knusprig sind. Dann mit dem Knoblauch-Dip servieren. Dazu passt geröstetes Baguette und ein bunter Salat.

Dachgarten, Käfer Feinkostladen

Presa ibérica

mit Pfirsichsalsa

Für die Presa

2 Presa Ibérico Bellota (à 450 g,
Feinkostmetzger)
6 EL Olivenöl
2 kleine Zweige Thymian
2 kleine Zweige Rosmarin
BBQ-Sauce (Käfer Feinkost)

Für die Pfirsichsalsa

800 g reife Pfirsiche
80 g Rosinen
3 rote Zwiebeln
200 g Farinzucker
ca. 120 ml Aceto balsamico bianco
½ TL Safranpulver
½ TL gemahlener
Chili aus der Mühle

Außerdem

Salz
Pfeffer aus der Mühle

1 Die Presa mit einem scharfen Messer außen von den Sehnen befreien (das Fett sollte dabei am Fleisch bleiben). Rosmarin und Thymian waschen und trocken schütteln. Das Fleisch leicht salzen, pfeffern und mit 30 ml Öl und den Kräutern vakuumieren. Dann die Presa für 24 Std. bei 70 °C im Dampfgarer oder im Sous-Vide-Gerät garen. Das Fleisch herausnehmen und auskühlen lassen, dann auspacken und in 3 cm dicke Scheiben schneiden.

2 Die Pfirsiche waschen, schälen, entkernen und in kleine Stücke schneiden. Die Zwiebeln schälen und klein schneiden. Reichlich Wasser zum Kochen bringen, die Zwiebeln und die Rosinen darin 2-3 Min. kochen. Dann abgießen und mit den Pfirsichstücken, dem Zucker und dem Safran in einen Topf geben. Aufkochen und unter ständigem Rühren bei kleiner Hitze 10 Min. köcheln lassen. Dann Essig und Ingwer hinzugeben und zugedeckt dickflüssig einkochen lassen (dabei öfter umrühren). Zum Schluss 1 Prise Salz hinzugeben und die Sauce mit Chili aus der Mühle pikant abschmecken.

3 Die Fleischscheiben dünn mit der BBQ-Sauce einpinseln. Den Grill anheizen. Den Rost leicht mit Öl einpinseln. Das Fleisch auf dem heißen Grill von beiden Seiten knusprig grillen, kurz ruhen lassen und mit der Pfirsichsalsa servieren.

Presa

Crozes-Hermitage Les Launes
Delas

Rhône. Frankreich

Die weit verbreitete Rebsorte
Syrah, auch als Shiraz bekannt,
ergibt tanninreiche, kräftige
Weine. Ihren Ursprung hat sie
an der Rhône. Das Bouquet ist
würzig und intensiv mit Noten
von Cassis, reifen Pflaumen sowie einem Hauch von Veilchen.
Wunderbar dazu das Presa vom
iberischen Schwein.

Kotelett vom Duroc

mit grünen Tomaten und frittiertem Knoblauch

Für das Fleisch

1 TL Korianderkörner
170 g Sauerrahm
50 ml Fichtenwipfelöl
Zesten und Schale von ½ Zitrone
1 TL brauer Zucker
1 EL Fichtenwipfelhonig
½ TL Salz
1–2 TL Piment d'Espelette
schwarzer Pfeffer aus der Mühle
4 Duroc-Schweinekoteletts (á 250 g)

Für den Knoblauch

10 große Knoblauchzehen
Öl zum Frittieren
Schnittlauch

Für den Tomatensalat

10 grüne Tomaten
1 kleine rote Zwiebel
Salz
Pfeffer aus der Mühle
Zucker
Aceto balsamico bianco
Olivenöl
2–3 Stängel Basilikum

1 Die Korinaderkörner in einer Pfanne ohne Fett leicht rösten, bis es duftet und im Mörser zerstoßen. Den Sauerrahm mit Koriander, Fichtenwipfelöl, Zitronenschale, -zeste, Zucker, Fichtenwipfelhonig, Salz und Piment d'Espelette verrühren, mit Pfeffer abschmecken. Die Koteletts mit der Marinade einreiben und ca. 4 Std. ziehen lassen.

2 Die Knoblauchzehen schälen und in feine Scheiben schneiden. Das Öl auf ca. 170 °C erhitzen (es ist heiß genug, wenn von einem ins Öl gehaltenen Holzlöffel Bläschen aufsteigen). Die Knoblauchblätter darin leicht goldbraun frittieren. Mit einem Schaumlöffel aus dem Öl nehmen, auf Küchenpapier abtropfen lassen und mit Salz bestreuen. Den Schnittlauch waschen, trocken schütteln und zu Röllchen schneiden. Die Schnittlauchröllchen mit dem frittierten Knoblauch vermischen. Die grünen Tomaten waschen, trocknen und quer halbieren.

3 Den Grill anheizen. Den Rost einölen. Die Koteletts aus der Marinade nehmen, die Marinade leicht abstreifen. Das Fleisch zuerst über der direkten Glut heiß angrillen, dann an den Grillrand schieben und indirekt weitergrillen. Das Fleisch mit einem Topf abdecken und bei wenig Hitze in 10 Min. fertig garen.

4 Die Tomaten mit der Schnittfläche nach unten 30–45 Sek. angrillen, umdrehen und nochmals für 30–45 Sekunden grillen. Die Tomaten grob schneiden und in eine Schüssel geben. Die rote Zwiebel schälen und fein würfeln. Mit Salz, Pfeffer, Zucker, Essig und Olivenöl würzen und abschmecken. Basi-

likum waschen, trocken schütteln, abzupfen und in feine Streifen schneiden. Basilikum gemeinsam mit den Zwiebelwürfeln unter die Tomaten heben.

5 Das Fleisch vom Grill nehmen, den frittierten Knoblauch und Salz darüber streuen. Den Tomatensalat dazu servieren. Dazu passt Baguette.

Weinempfehlung
Kotelett

Château de Pez
Cru Bourgeois

Saint-Estèphe, Bordeaux, Frankreich

Das süße Frucht-Bouquet mit
Aromen von Dörrpflaumen,
Datteln und schwarzen Wald-
beeren unterstreichen herrlich
den Grillgeschmack des
Duroc-Schweines.
Der Château de Pez aus der
Gemeinde Saint-Estèphe im
Médoc ist ein moderner Klassiker
aus Cabernet Sauvignon und
Cabernet Franc.

Weinkeller,
Käfer Feinkostladen

Lammkoteletts

mit Sardellenbutter

Für das Fleisch

800 g Lammkoteletts
170 g Ziegenjoghurt
1 TL gemahlener Anis
1 TL Currypulver
40 ml Olivenöl
Salz
Pfeffer aus der Mühle

Für die Sardellenbutter

150 g weiche Butter
1 TL Dijonsenf
1 TL Sardellenpaste
Saft und Schale von ½ Bio-Limette
1 EL fein geschnittene Petersilie
schwarzer Pfeffer aus der Mühle
Cayennepfeffer

1   Für die Marinade Ziegenjoghurt, Anis, Currypulver und Olivenöl verrühren, mit Salz und Pfeffer abschmecken. Die Lammkoteletts damit einstreichen und für ca. 12 Std. ziehen lassen.

2   Die Butter schaumig schlagen. Dijonsenf, Sardellenpaste, Limettenschale und –saft sowie Petersilie unterrühren. Die Butter mit Pfeffer und Cayennepfeffer abschmecken, dann in einen Spritzbeutel mit Lochtülle geben und in einer Linie auf Backpapier spritzen. Das Backpapier so einrollen, dass aus der Butter eine Rolle wird. Die Butter bis zum Servieren kalt stellen.

3   Den Grill anheizen. Den Rost mit etwas Öl einstreichen. Die Lammkoteletts aus der Marinade nehmen und von beiden Seiten ca. 5 Min. grillen. Die fertigen Koteletts mit Salz und Pfeffer würzen. Von der Butter das Papier entfernen, die Rolle in Scheiben schneiden und zu den Koteletts servieren. Dazu passen marinierte Blattsalate.

Weinempfehlung
Lammkoteletts

Château Chantalouette

Pomerol, Bordeaux, Frankreich

Tiefes Granatrot, hell leuchtend,
fruchtiges Bouquet nach dunklen
Beerenfrüchten, Lakritze und etwas
Kaffee. Am Gaumen zeigt er sich
komplex mit einer tollen Tiefe und
Konzentration. Wunderbare Balance
zwischen Frucht und Röstaromatik.

Château Chantalouëtte

ELEGANZ AUS DEM POMEROL

Château Chantalouette ist ein eleganter Pomerol, der nach einer großen Parzelle im Weingut benannt wurde. Er ist der Zweitwein des legendären Château de Sales, welches auf knapp 50 Hektar Rebfläche in der Gemeinde Pomerol, rechtes Ufer der Bordeaux Appellationen, das an Saint Emilion grenzt, seine Rebstöcke stehen hat. Das Château ist bereits seit dem späten 15. Jahrhundert in Besitz der Adelsfamilie Lambert und wird heute von Bruno de Lambert geführt. Der langlebige Rotwein reift sorgsam in Eichenfässern verschiedener Belegungen. Er vereint den charaktervollen und eleganten Trinkgenuss eines Pomerol in einem wirklich sehr attraktiven Preisbereich. Die Gemeinde Pomerol liegt auf einer Anhöhe hinter Libourne, am rechten Ufer der Dordogne. Die Appelation umfasst nur ca. 800 ha, die Weingüter sind im Durchschnitt nur 6 ha groß. Die Weine werden meist von Merlot dominiert, mit einem kleinen Anteil von Cabernet Franc. Das Terroir in Pomerol ist sehr unterschiedlich und zeigt insbesondere hier was für einen Einfluß es auf den Wein hat.

Maispoularde
mit mediterraner Füllung

Für das Geflügel

4 Maispoulardenbrüste, (mit Haut
und Flügelknochen, à 200 g)
60 g getrocknete Tomaten
40 g schwarze Oliven (ohne Stein)
150 g Grillkäse
1 Zweig Rosmarin
1 Zweig Thymian

Für die Marinade

100 ml Sonnenblumenöl
3 EL Honig
1 EL Tamarindenpaste
1 Knoblauchzehe
Saft und Zesten von 1 Zitrone
3-4 Stängel Koriandergrün
grobes Meersalz

Für das Knoblauchbaguette

3 Knoblauchzehen
125 g weiche Butter
1 Tl. Dijonsenf
3-4 Stängel Petersilie
½ Baguette

Außerdem

12 Zahnstocher aus Holz
Salz
Pfeffer aus der Mühle

1   Die Zahnstocher für mindestens 30 Min. in Wasser einweichen. Bei den Poulardenbrüsten mit Hilfe eines Messers eine Art Taschen einschneiden, dabei aber nicht ganz durchschneiden. Die Filets mit Salz und Pfeffer würzen und gut einreiben.

2   Die getrockneten Tomaten und die Oliven grob hacken. Den Grillkäse in 5 mm große Würfel schneiden. Kräuter waschen, trocken schütteln, abzupfen und fein hacken. Tomaten, Oliven, Grillkäse und Kräuter mischen, mit Salz und Pfeffer abschmecken. Die Füllung in die Poulardenbrusttaschen geben und diese mit den Zahnstochern verschließen.

3   Die Knoblauchzehe schälen und fein hacken. Den Koriander waschen, trocken schütteln und die Blätter in grobe Streifen schneiden. Sonnenblumenöl mit Honig, Tamarinde, Knoblauch, Koriander, Zitronensaft und –zesten gut verrühren, die Marinade mit grobem Meersalz würzen. Die Poulardenbrüste mit der Marinade einreiben und ca. 2 Std. kühl in einem verschließbaren Gefäß marinieren lassen.

4   Für das Knoblauchbaguette den Knoblauch schälen und sehr fein hacken. Petersilie waschen, trocken schütteln und fein hacken. Die Butter schaumig schlagen, Knoblauch, Petersilie und Senf einrühren. Das Baguette der Länge nach halbieren, die Schnittflächen mit der Butter einstreichen.

5   Den Grill anheizen. Den Rost mit Öl einpinseln. Die Poulardenbrüste aus der Marinade nehmen und auf dem heißen Grill zuerst scharf von beiden Seiten

angrillen. Dann das Fleisch beispielsweise mit einem feuerfesten Topf abdecken und zugedeckt in 15-20 Min. fertig garen.

6 Das Baguette mit der Schnittfläche nach unten auf den Grill legen, goldbraun rösten. Wenden und wieder goldbraun rösten. Dann schräg in ca. 7 cm lange Stücke schneiden.

7 Die Poulardenbrüste mit Salz und Pfeffer bestreuen und mit dem Knoblaucbaguette servieren.

Kräuter, Dachgarten, Käfer Feinkostladen

Weinempfehlung
Maispoulardenbrust

Giro Blanc
Kühling-Gillot

Rheinhessen, Deutschland

Diese Cuvée aus viel Riesling,
etwas Scheurebe und wenig
Rivaner, ergibt einen wunderbar
frischen und unkomplizierten Wein,
der Spaß macht. Schöne Aromen
von Pfirsich, Aprikose und Zitrus-
früchten, leicht spritzig am Gaumen. Ein Wein für jede Gelegenheit
und für die Maispoularde.

Bibliothek, Stube im
Restaurant Käfer-Schänke

Hirschsteak

mit Chimchurri und marinierten Romanaherzen

Für die Hirschsteaks

10 Wacholderbeeren
10 schwarze Pfefferkörner
½ EL Kümmelkörner
2 EL Pimentkörner
2 EL Korianderkörner
4 Hirschsteaks (á 200 g)

Für die Sauce

100 g glatte Petersilie
1 Zweig Zitronenthymian
2 Zweige Oregano
1 mittelgroße rote Zwiebel
1 Knoblauchzehe
1 kleine Chilischote
Saft und Zesten von 1 Bio-Limette
100 ml Olivenöl
50 ml Rotweinessig

Für den Salat

6 Kopfsalatherzen
70 g Parmesan
130 g Joghurt
1 EL Aceto balsamico bianco
1 EL Sherryessig
2 EL Traubenkernöl
1 EL mittelscharfer Senf
50 ml kalten Gemüsefond

Außerdem

Salz
Pfeffer aus der Mühle

1 Für die Steaks alle Gewürze in einer heißen Pfanne ohne Fett leicht rösten, bis es duftet. Im Anschluss im Mörser fein zerstoßen. Die Hirschsteaks leicht flach drücken, mit den Gewürzen einreiben und ca. 30 Min. ziehen lassen.

2 Petersilie, Zitronenthymian, Oregano waschen, trocken schütteln, abzupfen und grob hacken. Zwiebel und Knoblauch schälen und klein schneiden. Die Chilischote waschen, entkernen und klein schneiden. Die Kräuter mit dem Knoblauch, der Chilischote, dem Limettensaft und Zesten sowie 50 ml Olivenöl in einen Mörser geben und zu einer Paste mahlen. Dann den Essig sowie das restliche Olivenöl und die Zwiebelwürfel beigeben und alles mit Salz und Pfeffer abschmecken.

3 Vom Salat die äußeren Blätter entfernen und die Köpfe jeweils der Länge nach sechstelns. Gründlich waschen und trocknen. Für das Dressing den Parmesan reiben. Joghurt, Essig, Parmesan, Öl und Senf mit dem Gemüsefond verrühren und mit Salz und Pfeffer kräftig abschmecken.

4 Den Grill anheizen. Den Rost einölen. Die Steaks nun auf dem heißen Grill beidseitig scharf angrillen, dann am Rand bei schwacher Hitze in ca. 10 Minuten fertig grillen.

5 Die Steaks zum Servieren mit groben Meersalz würzen. Chimchurry und Salat separat dazu reichen.

Koch,
Restaurant Käfer-Schänke

Desiderio Cortona Merlot

Avignonesi

Toskana, Italien

Es handelt sich wohl um die momentan beliebteste Traubensorte weltweit. Die Merlot-Traube ist auf allen Kontinenten mit großer Beliebtheit zu Hause. Das Schöne ist, dass sie auf jedem Terroir eine immer neue, charaktervolle Aromenvielfalt präsentiert. Dieser weiche, vollmundige und konzentrierte Wein passt sehr gut zu gegrilltem Fleisch.

Weinkisten, Weinkeller,
Käfer Feinkostladen

Weingut Avignonesi

UNTER TOSKANISCHER SONNE

Das familiengeführte Weingut Avignonesi verdankt seinen Namen der Gründerfamilie, die sich im 13. Jahrhundert in Montepulciano niedergelassen und dort Weinberge angelegt hat. Als Papst Gregor IX seinen Amtssitz von Avignon wieder nach Rom verlegte, folgten ihm einige französische Adelsfamilien nach Italien.

Eine dieser Familien ließ sich in der Toskana nieder, und war schnell bekannt als die von Avignon – die Avignonesi. Im Jahr 1974 übernahmen die Brüder Falvo das Weingut, und bauten es zu einem der Topweingüter in der Toskana auf. Seit 2009 befindet sich das Gut im Besitz von Virginie Saverys. Die Toskana wird von Bergen und vom Meer eingegrenzt, dazwischen liegen viele verschiedene Lagen mit unterschiedlichen Böden, im Sommer ist es eigentlich stets warm und trocken. Die besten Weine kommen meist aus dem Süden der Region.

Seeteufel

in Proseccomarinade mit Ratatouille

Für den Fisch

8 Seeteufelmedaillons
(küchenfertig, à 80 g)
200 ml Prosecco
200 g Feigensenf
2 Zweige Rosmarin
2 Zweige Zitronenthymian
Pfeffer aus der Mühle
grobes Meersalz

Für das Ratatouille

1 rote Paprikaschote
1 gelbe Paprikaschote
1 Zucchino
½ Aubergine
1 rote Zwiebel
1 Knoblauchzehe
Olivenöl zum Braten
4 EL Tomatenmark
10 Safranfäden
200 ml Geflügelfond
2 Zweige Rosmarin
2 Zweige Zitronenthymian
Salz
Pfeffer aus der Mühle
1 Prise Zucker

1 Den Prosecco in einem kleinen Topf aufkochen und auf die Hälfe einkochen lassen. Zitronenthymian und Rosmarin waschen, trocken schütteln, abzupfen und fein hacken. Kräuter und Feigensenf in den Prosecco rühren, mit etwas Pfeffer würzen. Die Marinade etwas auskühlen lassen. Den Fisch trocken tupfen und mit der Marinade einstreichen, dann für ca. 1 Std. im Kühlschrank ziehen lassen.

2 Das Gemüse waschen und trocknen. Die Paprikaschoten vierteln, Kerne entfernen und schälen. Von Aubergine und Zucchino die Enden entfernen. Paprika, Aubergine und Zucchini in 5 mm große Stücke schneiden. Zwiebel und Knoblauch schälen und klein schneiden. Das Öl in einer Pfanne erhitzen, Zwiebel und Knoblauch kurz andünsten. Das Tomatenmark hinzugeben, kurz mitrösten, dann den Safran hinzugeben und mit Fond auffüllen. Alles ca. 10-15 Min. köcheln lassen. Rosmarin und Zitronenthymian waschen, trocken schütteln und fein hacken. Die Kräuter unter das Ratatouille mischen und alles mit Salz, Pfeffer und 1 Prise Zucker abschmecken.

3 Den Grill anheizen. Den Rost leicht mit Öl einpinseln. Die Seeteufelmedaillons aus der Marinade nehmen, diese leicht abstreifen. Dann den Fisch in ca. 10-15 Min. leicht glasig grillen, dabei wenden. Zum Servieren mit Meersalz und Pfeffer würzen, das Gemüse separat dazu reichen.

Weinempfehlung
Seeteufel

Käfer Sparkling

Fräulein Sophie Trocken
Schlumberger

Wien, Österreich

Fräulein Sophie aus Chardonnay
und Pinot Blanc-Trauben wird Ihnen
den Kopf verdrehen. Wie schon 1841
Kellermeister Robert Schlumberger,
der für die Wienerin Sophie Kirchner
die Champagne verließ, um sich in
Österreich mit ihr eine neue Existenz
aufzubauen. Diese fruchtig schöne
Cuvée entstand in der Zusammen-
arbeit des Hauses Feinkost Käfer
mit der Schlumberger Wein- und
Sektkellerei.

Steckerlfisch

mal anders mit asiatischem Coleslaw

Für den Fisch

150 ml Kokosmilch
1 TL Sojasauce
60 g Erdnussbutter
8 Seezungenfilets (küchenfertig)
1 Stück Ingwer (1 cm)
1 sehr kleine Knoblauchzehe

Für den Coleslaw

1 kleiner Chinakohl
2 Karotten
30 g Cashewkerne
80 g Joghurt
30 g Crème fraîche
Aceto balsamico bianco
Zitronensaft

Außerdem

8 Holzspieße
Salz
schwarzer Pfeffer aus der Mühle
Chili aus der Mühle

1 Die Holzspieße mind. 30 Min. in kaltem Wasser einweichen. Die Kokosmilch mit der Sojasauce erwärmen, die Erdnussbutter einrühren. Ingwer schälen und fein reiben, Knoblauch schälen und fein hacken. Beides zur Kokosmilch geben, gut verrühren. Dann die Kokosmilch vom Herd nehmen und auskühlen lassen. Die Seezungenfilets wellenartig auf die Holzspieße stecken, dünn mit der Marinade einstreichen und kühl ca. 1 Std. ziehen lassen.

2 Den Salat putzen, den Strunk entfernen und in Blätter teilen. Diese waschen, trocknen und in dünne Streifen schneiden. Die Karotten schälen und mit Hilfe des Gemüsehobels in dünne Streifen hobeln. Die Cashewkerne in einer Pfanne ohne Öl rösten, dann grob hacken. Salat und Karottenstreifen mit den Nüssen mischen. Joghurt, Crème fraîche, etwas Essig und Zitronensaft verrühren, mit Salz, Pfeffer und Chili abschmecken. Das Dressing über den Salat verteilen, einmal durchrühren.

3 Den Grill anheizen. Den Rost leicht mit Öl einpinseln. Die Seezungenfilets aus der Marinade nehmen und auf dem heißen Grill von beiden Seiten 3-4 Min. grillen. Die gegarten Seezungenfilets evtl. mit Salz und Pfeffer würzen und mit dem Coleslaw servieren.

Fisch, Fischabteilung,
Käfer Feinkostladen

Sardinen vom Grill

mit Oliven-Paprika-Tapenade

Für den Fisch

1 kleine Knoblauchzehe
¼ Bund glatte Petersilie
4 EL Olivenöl
Abrieb von 1 Bio-Zitrone
grobes Meersalz
12 Sardinen (küchenfertig)

Für die Tapenade

½ rote Paprikaschote
½ gelbe Paprikaschote
40 ml Olivenöl + etwas zum Braten
140 g schwarze Oliven (ohne Stein)
2-3 Zweige Rosmarin
2-3 Zweige Thymian
Abrieb von 1 Bio-Zitrone
2 EL Räucheröl

Außerdem

Salz
Schwarzer Pfeffer aus der Mühle

1 Die Knoblauchzehe schälen und in feine Scheiben schneiden. Die Petersilie waschen, trocken schütteln und fein hacken. Das Olivenöl mit Knoblauch, Petersilie, Zitrone und etwas Meersalz vermischen. Die Sardinen von innen und außen waschen und trocken tupfen, die Marinade auf den Fische verteilen und ca. 1 Std. einziehen lassen.

2 Die Paprika waschen und von Kernen und weißen Häuten befreien. Dann schälen und klein würfeln. Etwas Olivenöl in einer Pfanne erhitzen, die Paprikawürfel anbraten und auskühlen lassen. Die Oliven sehr fein hacken. Rosmarin und Thymian waschen, trocken schütteln, abzupfen und fein hacken. Paprika, Oliven, Kräuter, Zitronenabrieb, Räucher- und dem restlichen Olivenöl vermischen und mit Salz und Pfeffer abschmecken.

3 Den Grill anfeuern. Den Rost leicht mit Öl einpinseln. Die Sardinen auf dem heißen Grill von beiden Seiten in ca. 5-7 Min. schön knusprig grillen. Vom Grill nehmen und leicht mit Salz und Pfeffer nachwürzen. Die fertigen Sardinen auf einer Platte anrichten, die Tapenade darüber verteilen und servieren.

Rosmarin, Dachgarten,
Käfer Feinkostladen

Dorade vom Grill

mit mediterranen Gewürzen

Zutaten

2 Doraden (à 500 g, küchenfertig)
1-2 Knoblauchzehen
2 Zweige Thymian
2 Zweige Rosmarin
½ Bund Koriandergrün
1 TL Korianderkörner
1 TL Anissamen
1 Bio-Limette
120 ml Olivenöl
grobes Meersalz
schwarzer Pfeffer aus der Mühle

1 Die Doraden innen und außen waschen und mit Küchenpapier trocken wischen. Dann die Haut an jeder Seite 3-mal leicht quer einschneiden.

2 Den Knoblauch schälen und grob schneiden. Thymian, Rosmarin und Koriander waschen, trocken schütteln, abzupfen und die Blätter fein hacken. Die Korianderkörner mit den Anissamen in einer Pfanne ohne Öl rösten, bis es duftet. Dann im Mörser zerstoßen. Die Limette heiß waschen, trocknen und die Schale abreiben. Das Olivenöl mit Limettenschale, Knoblauch, den Kräutern und Gewürzen vermischen, die Marinade mit Salz und Pfeffer würzen.

3 Die Doraden mit drei Viertel der Marinade innen und außen gut einreiben. Die Limette in Scheiben schneiden und jeweils 2 Limettenscheiben in den Bauch geben. Die Doraden abdecken und 15-20 Min. durchziehen lassen.

4 Den Grill anheizen. Den Rost leicht einölen. Die Doraden auf dem heißen Grill bei mittlerer Hitze pro Seite 7-9 Min. grillen, dabei evtl. abdecken.

5 Die fertigen Doraden auf einer Platte anrichten. Das restliche Kräuteröl darüber träufeln, mit Salz und Pfeffer bestreuen und servieren. Dazu passt gegrilltes Gemüse, zum Beispiel Zucchini, Paprikaschoten, grüner Spargel und Pilze.

Marcus Lind

GEWÜRZE

Marcus Lind kreiert exklusiv für Feinkost Käfer hochwertige Gewürzmischungen und ist hier für immer auf der Suche nach den besten Mono-Gewürzen. Nur die besten Rohstoffe kommen zum Einsatz. Fast alle Zutaten stammen aus kontrolliertem Anbau und werden ohne künstliche Zusätze weiterverarbeitet.

Das Sortiment enthält neben klassischen Mono-Gewürzen wie Pfeffer und Paprika auch unwiderstehliche Kreationen für die mediterrane und internationale Küche. Basis aller Kompositionen ist das naturbelassene Meersalz, geerntet in dem Naturpark »Parque Natural de ses Salines« von Ibiza. Verfeinern Sie Ihre Gerichte mit den hochwertigen Gewürzen, Sie werden den Unterschied schmecken. Meersalz ist nicht nur sehr gesund, es ist auch reich an natürlichen Mineralstoffen und Spurenelementen wie Magnesium, Fluor, Selen und Jod. Diese wertvollen Elementen machen das Salz zu einem wahren Jungbrunnen – »Christal de la Vida«. Natürliches Meersalz kommt komplett ohne Bleichmittel und weitere Zusätze aus – es benötigt nur Wind, Sonne und Meer. Verwenden Sie das Salz zum Mahlen in der Mühle und verleihen Sie Ihren Speisen ein einzigartiges Aroma.

Thunfischsteak

vom Grill mit Wasabi-Sesam-Aioli

Für den Thunfisch

1 TL Korianderkörner
220 ml Ahornsirup
Abrieb von je ½ Bio-Zitrone
und Bio-Orange
1 Msp. Chilipulver
4 Scheiben Thunfisch (küchenfertig,
à 240 g)
grobes Meersalz
schwarzer Pfeffer aus der Mühle

Für die Aioli

2 Eigelbe
1 Msp. Senf
Zitronensaft
Salz
130 g Sonnenblumenöl
2 EL Sesamöl
30 g Sauerrahm
20 g Crème fraîche
1 sehr kleine Knoblauchzehe
1-2 EL Wasabipaste

1 Die Korianderkörner in einer Pfanne ohne Fett anrösten, dann im Mörser fein zerstoßen. Aus Ahornsirup, Zitronen- und Orangenabrieb, Chilipulver und Koriander eine Marinade rühren, mit Salz und Pfeffer abschmecken. Den Thunfisch gut mit der Marinade einpinseln und für ca. 1 Std. kühlen.

2 Die Eigelbe mit Senf, Zitronensaft und etwas Salz verrühren. Sonnenblumenöl und Sesamöl vermengen und unter ständigem Rühren langsam einlaufen lassen, sodass eine Mayonnaise entsteht. Sauerrahm und Crème fraîche unterrühren. Den Knoblauch schälen und fein hacken, mit der Wasabipaste unter die Mayonnaise rühren. Evtl. mit Salz abschmecken.

3 Den Grill anfeuern. Den Rost leicht mit Öl einpinseln. Die Thunfischsteaks von beiden Seiten für 3-5 Min. grillen, dann mit Salz und Pfeffer würzen. Den Thunfisch mit der Wasabi-Aioli servieren. Dazu passen marinierte Blattsalate.

Weinempfehlung
Thunfisch

Bourgogne Pinot Noir Laforêt

Joseph Drouhin

Burgund, Frankreich

Die edle Rebsorte Pinot Noir,
die kraftvolle und dennoch zart-
gliedrige Weine hervorbringt,
ist im Burgund beheimatet. Das
Bouquet ist herrlich fruchtig
mit Aromen von roten Früchten,
Himbeeren und Waldbeeren.
Harmoniert perfekt zum Thun-
fischsteak vom Grill.

Lachs vom Grill

im Bananenblatt gegart

Für den Fisch

4 Lachsfilets (á 140 g)
Schale von 1 Bio-Limette
2 EL Räucheröl
3 EL Olivenöl

Für den Spargel

2 Tomaten
2 Bio-Zitronen
500 g grüner Spargel
Zucker
Olivenöl

Außerdem

Salz
Pfeffer aus der Mühle
4 Bananenblätter (ca. 20 x 20 cm)

1 Den Lachs mit Küchenpapier trocken tupfen. Die Limettenschale mit Räucher- und Olivenöl vermischen und den Lachs damit gut einreiben. Anschließend salzen und pfeffern.

2 Die Tomaten waschen, trocknen und in acht Scheiben schneiden. Die Zitronen schälen, sodass auch das Weiße entfernt wird, und ebenfalls in acht Scheiben schneiden. Vom Spargel die Enden abschneiden und das untere Drittel schälen. Reichlich Wasser mit Salz zum Kochen bringen und den Spargel darin in ca. 4 Min. leicht bissfest blanchieren. Dann den Spargel in kaltem Wasser abschrecken und abtropfen lassen. Anschließend mit etwas Salz und Pfeffer würzen und mit Olivenöl beträufeln.

3 Die Bananenblätter waschen. Den Grill anfeuern. Die Blätter kurz auf den heißen Grill legen, damit sie biegsam werden. Dann jeweils in die Mitte des Blattes zwei Scheiben Tomaten legen, würzen, und zwei Scheiben Zitronen darauf legen. Den Lachs auf die Zitronen legen, darauf je drei Stangen Spargel. Die Blätter zusammenklappen und vorsichtig aufrollen und fest in Alufolie packen. Diese Päckchen auf dem heißen Grill ca. 20 Min. garen, dabei öfters wenden. Dann die Päckchen öffnen, etwas salzen und pfeffern und servieren.

Jakobsmuschel-Spieß
mit Safran-Apfel-Chutney

Für die Spieße

6 g Pinienkerne
2 Wacholderbeeren
170 g reife Ananas
40 ml Gin
5 g Räucheröl
1 TL brauner Zucker
16 Jakobsmuscheln (küchenfertig)
4 dünne Stangen Zitronengras

Für das Chutney

2 Äpfel (z.B. Granny Smith)
150 ml Apfelsaft
70 ml weißer Portwein
1 TL Zucker
10 Safranfäden
1 Msp. Zimtpulver
Aceto balsamico bianco
Zitronensaft
Chili aus der Mühle
Salz

Für den Portulak

100 g Portulak
Olivenöl
Zitronensaft

1 Pinienkerne und Wacholder in einer Pfanne ohne Fett rösten, dann fein hacken. Die Ananas schälen und mit dem Gin fein pürieren. Pinienkerne, Wacholder, Räucheröl und braunen Zucker unterrühren. Die Jakobsmuschel waschen und trocken tupfen, in die Ananasmarinade legen und für ca. 1 Std. im Kühlschrank ziehen lassen.

2 Die Äpfel schälen, entkernen und in 5 mm große Würfel schneiden. Apfelsaft mit dem Portwein, Zucker, Safranfäden und Zimt aufkochen und auf etwa ein Drittel einkochen lassen. Nun die Apfelwürfel dazugeben und zugedeckt weichkochen lassen. Wenn die Äpfel weich sind, mit Essig, dm Zitronensaft, Chili und Salz abschmecken. Das Safran-Apfel-Chutney vom Herd nehmen und auskühlen lassen.

3 Den Portulak waschen, trocknen und mit Olivenöl und Zitronensaft marinieren.

4 Die Muscheln aus der Marinade nehmen, jeweils 4 Muscheln auf eine Zitronengrasstange stecken. Den Grill anheizen. Den Rost einölen. Die Jakobsmuscheln auf dem heißen Grill von beiden Seiten 3-4 Min. grillen. Zum Servieren den marinierten Portulak über die die fertigen Spieße verteilen. Das Chutney dazu servieren.

Melisse, Dachgarten,
Käfer Feinkostladen

Weinempfehlung
Jakobsmuscheln

Meursault

Joseph Drouhin

Burgund, Frankreich

Goldene Farbe, glänzend, brillant. Wunderschön komplexes Bouquet mit Honig, Lindenblüten, Haselnuss und Weißdorn. Am Gaumen ist dieser Chardonnay seidig und rund. Unglaublich langer Nachhall mit Aromen von gelben Pflaumen.

Kristallstube,
Restaurant Käfer-Schänke

Gegrillter Hummer

mit Cocktailsauce

Für den Hummer

4 Hummer
Olivenöl
Fleur de Sel
1 Zitrone

Für die Cocktailsauce

200 ml Orangensaft
50 ml Brandy
2 Eigelbe
2 EL Senf
Weißweinessig
300 ml Pflanzenöl
30 g frischer Meerrettich
100 g Ketchup
Zitronensaft
Salz
schwarzer Pfeffer aus der Mühle

1 Hummer nacheinander in reichlich kochendem Salzwasser 3 Min. garen, dann abschrecken und gut abtropfen lassen. Dann die Hummer der Länge nach halbieren, sodass das Fleisch im Panzer bleibt. Die Innereien mit einem Löffel, den Darm mit einer Pinzette entfernen. Mit einem Küchenpapier sauber wischen. Die Scheren und die Gelenke vorsichtig abtrennen. Die Scheren aufklopfen und das Fleisch herausnehmen. Das Scherenblatt vorsichtig herauslösen. Bei den Gelenken mit Hilfe einer Hummergabel das Fleisch herauslösen. Vom Hummerschwanz her das Fleisch ganz leicht mit Olivenöl einpinseln.

2 Orangensaft und Brandy aufkochen, auf die Hälfte einkochen und auskühlen lassen. Die Eigelbe mit dem Senf, einem Schuss Essig, etwas Salz und Pfeffer verrühren. Das Öl unter ständigem Rühren langsam einlaufen lassen, sodass eine Mayonnaise entsteht. Den Meerrettich schälen und fein reiben, mit dem Ketchup unter die Sauce rühren. Alles mit Zitronensaft abschmecken.

3 Den Grill anheizen. Die Zitronen in Spalten schneiden. Die Hummer mit der Fleischseite nach unten auf den heißen Grill legen und für 1-2 Min. grillen. Umdrehen, das Fleisch von den Gelenken in den Körperraum einfüllen und nochmal 1-2 Min. grillen. Die Scheren separat 1-2 Min. grillen. Die fertigen Hummer mit Fleur de Sel sowie Pfeffer bestreuen und mit der Cocktailsauce und Zitronenspalten servieren. Dazu passen knusprige Pommes frites.

Hummer, Fischabteilung,
Käfer Feinkostladen

Gegrillte Garnelen

mit Zitronenmayonnaise

Für die Garnelen

12 Riesengarnelen (ohne Kopf,
mit Schale)
15 g Sesamsaat
2 EL Sesamöl
150 g Tamarindenpaste
70 g Honig
2 EL brauner Zucker
grobes Meersalz
schwarzer Pfeffer aus der Mühle

Für die Mayonnaise

2 Eigelbe
150 g Sonnenblumenöl
Essig
20 g Crème fraîche
30 g Sauerrahm
1 Bio-Zitrone
Salz
Pfeffer aus der Mühle
1 Prise Zucker
Cayennepfeffer

Tipp

Am besten schmeckt das Rezept mit
der GOOD GAMBA von Crusta Nova.

1 Die Garnelen der Länge nach halbieren, sodass sie aber am Schwanzende noch zusammen halten. Vorsichtig aufklappen und den dunklen Darm entfernen, dabei die Schalen belassen. Die Garnelen kalt abspülen und mit Küchenpapier trockentupfen.

2 Sesam, Sesamöl, Tamarindenpaste, Honig und den braunen Zucker gut verrühren und die Schnittflächen der Gambas damit einstreichen. Für ca. 30 Minuten zum Durchziehen kühlstellen.

3 Die Eigelbe in eine Schüssel geben, Salz und etwas Essig beigeben. Unter ständigem Rühren das Öl langsam einlaufen lassen, sodass eine Mayonnaise entsteht. Nun die Crème fraîche sowie den Sauerrahm einrühren. Die Zitrone waschen und trocknen. Zesten abziehen und die Zitrone auspressen. Zitronensaft sowie die Zesten unter die Mayonnaise rühren. Zuletzt mit Pfeffer, Zucker und Cayennepfeffer kräftig abschmecken.

4 Den Grill anheizen. Die Garnelen auf dem heißen Grill ca. 2 Min. von jeder Seite grillen. Die fertigen Garnelen mit grobem Meersalz und schwarzem Pfeffer bestreuen, dann mit der Mayonnaise servieren.

Crusta Nova

GOOD GAMBA – DIE PURE GARNELE AUS DEUTSCHER ZUCHT

Kann man wirklich keine frischen Garnelen in Deutschland kaufen? Tatsächlich werden die meisten Garnelen aufgetaut und entstammen fragwürdigen Zuchtbedingungen ferner Länder. Das wollten wir ändern und errichteten bei München eine Farm, in der wir unsere Garnelen artgerecht aufziehen. Als Großstadtfischer züchten wir dort, wo konsumiert wird. So vermeiden wir weite Transportwege und erreichen eine einzigartige Frische, die man schmeckt. Good Gamba ist die zeitgemäße Art, Meeresfrüchte zu genießen: Keine Antibiotika, minimaler ökologischer Fußabdruck, maximaler Genuss!

The Urban Fishermen!

Weinempfehlung
Riesengarnelen

Pouilly-Fuissé

Jospeh Drouhin

Burgund, Frankreich

Die edle Weißweinsorte
Chardonnay hat im Burgund
ihre Heimat. Dort ergibt die
Traube einen mineralischen
Weißwein, dessen Rasse seinen
Weltruf begründet hat. Harmoniert
hervorragend zu dem Grillaroma
der Gambas.

Weinkeller,
Käfer Feinkostladen

Gefüllte Calamari
mit Fenchelsalat und Knoblauchsauce

Für die Calamari

100 g Instant-Couscous
2-3 EL Olivenöl
125 ml Gemüsefond
20 mittelgroße Tintenfischtuben
(Calamari; küchenfertig)
Chili aus der Mühle
1 Msp. Currypulver
2 EL Pinienkerne
Aceto balsamico bianco
1-2 Stängel Minze

Für den Fenchelsalat

3 mittelgroße Fenchelknollen
Saft von 1 Orange
Saft von 1 Zitrone
Dill nach Belieben

Für die Sauce

1 Eigelb
1 EL Senf
Aceto balsamico bianco
200 ml Öl
Saft und Abtrieb von 1 Bio-Zitrone
2 Knoblauchzehen

Außerdem

Salz
Pfeffer aus der Mühle
20 Zahnstocher aus Holz
Worcestershiresauce

1   Den Instant-Couscous mit 1 EL Olivenöl vermischen und gut durchrühren. Den Gemüsefond zum Kochen bringen, über den Couscous gießen und diesen ca. 10 Min. quellen lassen. Die Pinienkerne in einer Pfanne ohne Fett anrösten. Die Minze waschen, trocken schütteln, die Blätter abzupfen und in feine Streifen schneiden. Beides mit Currypulver und Chili unter den Couscous rühren. Zuletzt das Dressing mit einem Schuss Essig abschmecken.

2   Zahnstocher mindestens für 30 Min. in Wasser einweichen. Die Calamari waschen und mit Küchenpapier abtupfen. Dann zu zwei Drittel mit der Couscousmischung füllen und mit einem Zahnstocher verschließen. Evtl. übrig gebliebene Füllung beiseite stellen.

3   Den Fenchel waschen, putzen und die äußere Schicht entfernen. Halbieren, den Strunk herausschneiden und mit Hilfe eines Gemüsehobels dünn hobeln. Mit Salz, Pfeffer und Zucker würzen und leicht durchkneten. Den Dill waschen, trocknen und in Röllchen schneiden. Orangen- und Zitronensaft sowie den Dill unter den Fenchel rühren. Bis zum Servieren beiseite stellen und durchziehen lassen.

4   Das Eigelb mit dem Senf, Essig, etwas Salz und Pfeffer verrühren. Das Öl unter ständigem Rühren langsam einlaufen lassen, sodass eine Mayonnaise entsteht. Die Zitrone waschen und trocknen, abreiben und auspressen. Den Knoblauch schälen und fein hacken. Die Sauce mit Zitronenschale, Saft, Worcestershiresauce abschmecken, zuletzt den fein gehackten Knoblauch einrühren.

Hochbeet, Dachgarten,
Käfer Feinkostladen

5 Den Grill anheizen. Den Rost mit Öl einreiben. Gefüllte Calamari großzügig mit Öl bepinseln. Bei großer Hitze 1–2 Min. scharf angrillen, wenden und weitere 1–2 Min. grillen, dann kurz neben dem Grill oder in einer Ruhezone auf dem Grill ruhen lassen. Die fertigen Calamari mit Fenchelsalat und Knoblauchsauce servieren.

Spargel vom Grill
mit Eiervinaigrette

Für den Spargel

500 g weißer Spargel
500 g grüner Spargel
50 g Butter
1 EL Zucker
Olivenöl

Für die Eiervinaigrette

6 Eier (M)
40 g Aceto balsamico bianco
140 g Traubenkernöl
10 Radieschen
6 Essiggurken
1 kleine rote Zwiebel
3 EL Schnittlauchröllchen

Außerdem

Salz
Pfeffer aus der Mühle

1 Den weißen Spargel schälen und die unteren 3-4 cm abschneiden. Den grünen Spargel waschen, das Ende abschneiden und die unteren zwei Drittel schälen. Reichlich Wasser mit der Butter, Salz und dem Zucker zum Kochen bringen. Zuerst den weißen Spargel darin in ca. 10 Min. leicht bissfest garen, dann herausnehmen. Nun den grünen Spargel im Wasser in ca. 7 Min. leicht bissfest garen, ebenfalls herausnehmen. Beide Spargelsorten beiseite stellen.

2 Die Eier in reichlich kochendem Wasser ca. 8 Min. garen, dann in kaltem Wasser abschrecken und schälen. Die Radieschen waschen und putzen. Die Zwiebel schälen. Eier, Radieschen, Zwiebel und Essiggurke in kleine Stücke schneiden. 125 ml vom Spargelfond mit dem Essig erwärmen, dann das Öl unter kräftigem Rühren einlaufen lassen. Eier, Radieschen, Zwiebel und Essiggurke zur Vinaigrette geben und diese mit Salz und Pfeffer abschmecken. Zum Schluss die Schnittlauchröllchen unterrühren.

3 Den Grill anheizen. Den Rost leicht mit Öl bestreichen. Die Spargelstangen auf dem heißen Grill rundherum goldbraun grillen. Den fertigen Spargel auf einer länglichen Platte anrichten, mit Salz und Pfeffer würzen und die Vinaigrette darüber verteilen.

Thomas Kahl, Küchenchef
Restaurant Käfer-Schänke

Spargelhof Koppold

BIS JOHANNI NICHT VERGESSEN, SIEBEN WOCHEN SPARGEL ESSEN

Die Familie Koppold baut seit über 27 Jahren besten Schrobenhausener Spargel an. Seit einigen Jahren haben sie sich komplett auf den Spargelanbau spezialisiert und produzieren dieses königliche Gemüse auf einer Fläche von 2 ha nach den hohen Qualitätsnormen des Spargelerzeugerverbandes. Mit viel Liebe zum Detail und einer echten Passion für dieses sensible Produkt schaffen sie es täglich perfekte Stangen mit bestem Geschmack zu ernten. Natürlich sind auch bei Familie Koppold die Vorbereitungen bereits in vollem Gange. Um wirklich besten Spargel zu produzieren, bedecken sie den Spargel nicht mit einer Folie. Der Boden soll möglichst lange mit Wasser und Luft versorgt werden, so dass der Spargel wirklich alles aufnehmen kann.

Der Bauernhof wird seit Generationen im Familienbetrieb geführt und durch viel Handarbeit kann es komplett auf konventionelle Schädling- und Unkrautbekämpfung verzichten. Dadurch ist auch nur das drin, was in den Spargel gehört: eine Fülle von Vitaminen und Mineralstoffe. Laut dem Spargelproduzenten Jakob Koppold soll der ein- bis zweimalige Verzehr pro Woche von Spargel den Körper entschlacken und hervorragend für die Gesundheit sein. Und nicht nur deshalb genießt das königliche Gemüse unter Genießern einen hervorragenden Ruf.

Wassermelone

und Schafskäse mit Minz-Vinaigrette

Für den Salat

500 g Wassermelone
280 g Schafskäserolle im
Kürbiskernmantel (Feinkostladen)
2 Blätter Filoteig
Olivenöl zum Grillen
1 Eigelb

Für die Vinaigrette

30 g Haselnusskerne
5 Stängel Minze
90 ml Gemüse- oder Geflügelfond
3 EL Aceto balsamico bianco
100 g Haselnussöl
Salz
Pfeffer aus der Mühle
1 Prise Zucker
essbare Blüten und Wildkräuter zum
Garnieren

1 Die Wassermelone schälen und 3 x 3,5 cm große Stücke schneiden, die Kerne entfernen. Die Melonenstücke mit Öl einstreichen. Die Schafskäserolle in 12 Scheiben schneiden. Vom Filoteig 48 Kreise im Durchmesser der Käserolle ausstechen. Die Hälfte der Kreise mit Eigelb bestreichen, jeweils mit einem blanken Blatt belegen. Jedes Stück Käse zwischen zwei Filokreise legen und den Teig leicht mit Olivenöl bestreichen.

2 Die Haselnüsse in einer Pfanne ohne Öl rösten und fein hacken. Die Minze waschen, trocknen und die Blätter in feine Streifen schneiden. Den Fond leicht erwärmen, den Essig beigeben und das Haselnussöl unter ständigem Rühren langsam hineinlaufen lassen. Mit Salz, Pfeffer und Zucker abschmecken, die gehackten Haselnüsse sowie die Minzestreifen unter die Vinaigrette rühren..

3 Den Grill anheizen. Den Rost mit Öl einstreichen. Die Filoteig-Käse-Stücke auf dem heißen Grill bei mittlerer Hitze 2-3 Minuten grillen. Die Wassermelonenstücke ebenfalls auf den heißen Grill legen. Von beiden Seite solange grillen, bis ein leichtes Grillmuster zu sehen ist.

4 Die gegrillten Wassermelonenstücke sowie Käseteilchen auf einer Platte anrichten, die Vinaigrette darüber verteilen und mit essbaren Blüten und Kräutern garniert servieren..

Genussmanufaktur
Lukashof

LÖFFELWEISE ZUM GLÜCK

Der Lukashof in der Weststeiermark, wo sich seit ca. 20 Jahren der etwas andere Bauernhof präsentiert. Seit vielen Generationen im Familienbesitz, wird die Landwirtschaft seit mehr als 27 Jahren biologisch geführt. Damals wurde das vielleicht erste steirische Kürbiskernpesto kreiert. Aus frischem Basilikum, Knoblauch und Kürbiskernöl. Mittlerweile gibt es neun verschieden Pestosorten, darunter auch ein Rosenblütenpesto. Daneben werden nach eigener Rezeptur Gelees, Kräutersalze, Chutneys, Gewürzschmalze, Senfe und die bei Klein und Groß beliebten Kürbisknabberkerne hergestellt. Diese werden schonend über Holzfeuer geröstet und danach zu köstlichen Variationen per Hand weiter veredelt. Die Kürbiskerne sind in verschieden Geschmacksexplosionen erhältlich. Schilcher-Zimt, Kakao-Chili, Ingwer-Orange, Kaffee-Vanille oder Rosenblüten sind nur eine kleine Auswahl der Köstlichkeiten die in der Manufaktur hergestellt werden. In den großzügig angelegten, von Hand bearbeiteten, Rosenäckern finden neben den schön duftenden Rosenblüten auch zahlreiche Insekten, Bienen und Vögel einen Platz zum Wohlfühlen. Zwischen den Reihen gedeihen auch Gewürzkräuter, steirischer Knoblauch und Chili.

Bratapfel vom Grill

mit Calvadossabayon

Für die Bratäpfel

4 Äpfel (z.B. Boskop)
1 Eigelb
2 Eier (M)
50 g Zucker
60 g dunkle Kuvertüre
60 g Butter
50 g Mehl
3 EL hochprozentiger Rum
(80 % vol.)

Für die Sabayon

50 ml Apfelsaft
4 Eigelbe
50 g Zucker
20 cl Calvados

1 Die Äpfel waschen, trocknen und ca. 2 cm unterhalb des Stieles einen Deckel abschneiden. Die Äpfel mit einem Ausstecher ausholen, die Deckel bis zur Weiterverwendung beiseitelegen. .

2 Eigelb, Eier und Zucker in einer Schüssel schaumig schlagen. Die Kuvertüre und die Butter über dem Wasserbad schmelzen. Dann die Mischung langsam in die aufgeschlagene Eiermasse einlaufen lassen und das Mehl vorsichtig unterheben. Die fertige Masse in die Äpfel füllen, die Deckel aufsetzen und die Äpfel gut in Alufolie einpacken.

3 Den Grill anheizen. Die eingepackten Äpfel über indirekter Hitze 30-40 Min. auf dem heißen Grill garen.

4 Für die Sabayon Apfelsaft, Eigelbe und Zucker über dem Wasserbad mit den Quirlen des Handrührgerätes ca. 3 Min. schaumig aufschlagen. Den Calvados leicht erwärmen und langsam unter die aufgeschlagene Masse geben.

5 Die fertigen Äpfel auspacken und in eine Auflaufform setzen. Den Rum darüber gießen, vorsichtige entzünden und so flambieren. Dann die Äpfel in tiefen Tellern anrichten und mit der Sabayon servieren.

Koch,
Restaurant Käfer-Schänke

Banane im Filoteig

mit Lavendelhonig

Zutaten

2 Blätter Filoteig
60 g Butter
2 Bananen
4 EL Lavendelhonig
2 EL Rosinen
2 EL Puderzucker

1 Die Butter schmelzen. Den Filoteig auf die Arbeitsfläche legen, halbieren und jedes Blatt gut mit Butter einpinseln. Die Bananen schälen und der Länge nach vierteln. Jeweils zwei Bananenstücke in die Mitte eines Filostückes legen. Dann die Rosinen darüber verteilen und jeweils 1 EL Honig darüber geben.

2 Die Seiten der Filoblätter so einschlagen, dass rechteckige Pakete entstehen. Die Pakete außen wieder gut mit Butter einstreichen und den Puderzucker darüberstreuen.

3 Den Grill anheizen. Die Bananenpakete auf dem Rost des heißen Grills bei mittlerer Hitze auf beiden Seiten 3-5 Min. grillen.

Banane im Filoteig

Ramos Pinto Portwein LBV

Late Bottled Vintage

Porto, Portugal
(19,5 % Vol. Alkohol)

Von den mehr als 40 zur Portwein-
Herstellung zugelassenen Trauben-
sorten verwendet Ramos Pinto nur
die fünf hochwertigsten: Tinta Roriz,
Tinto Cão, Tinta Barroca, Touriga
Nacional, Touriga Francesa.
Aromen von Pflaume, Vanille und
Kirsche, vollmundig, fruchtig-süß
und elegant im Geschmack.
Wunderbar zu Desserts mit Rosinen
und Honig.

Ramos Pinto Portwein

LATE BOTTLED VINTAGE PORT »LBV«

Adrianao Ramos-Pinto gründete 1880 die gleichnamige Firma, welche über 200 Hektar Rebfläche in den besten Lagen des Dourotales bewirtschaftet. Die derzeitige Geschäftsleitung – zu der immer noch Nachkommen des Firmengründers gehören – sichert die kontinuierliche Weiterführung einer Gesellschaft, die für den charakteristischen Stil ihrer großen Ports bekannt ist.

Das wildromantische Dourotal erstreckt sich von der spanischen Grenze über eine Länge von rund hundert Kilometern nach Westen. Dieser durch zerklüftete Gebirgszüge geschützte Landstrich ist so steil, dass nur 30.000 der rund 250.000 Hektar des Flußtales für den Weinbau geeignet sind.

Der Verschnitt aus Trauben eines Jahrgangs, wie der late bottled Vintage Port, lagert vier bis sechs Jahre im Fass, bevor er in Flaschen abgefüllt wird. Es gibt den gefilterten und ungefilterten LBV Beide sind im Gegensatz zu Vintage Ports sofort trinkbar, eine weitere Lagerung trägt nicht zur Reifung und Verbesserung des Geschmacks bei.

Gegrillte Feigen
mit Zwetschgen und Rumeis

Für das Eis

300 ml Sahne
100 ml Milch
90 g Zucker
100 g Eigelbe (von 3-4 Eiern)
50 g braunen Rum

Für die Zwetschgen

400 g Zwetschgen
1 EL Honig
2 Zimtstangen
1 Zweig Rosmarin

Für die Feigen

8 Feigen
4 EL Honig
Schale und Saft von 1 Bio-Orange

1 Für das Rumeis Sahne, Milch und Zucker aufkochen lassen, vom Herd nehmen und kurz auskühlen lassen (Die Masse sollte ca. 80 °C haben). Die Eigelbe einrühren, den Rum dazu geben und die Masse komplett abkühlen lassen. Die Eismasse in die Eismaschine füllen und cremig fest frieren lassen. Das Vanilleeis zum Aufbewahren in eine vorgekühlte Gefrierbox mit Deckel füllen und ins Tiefkühlfach stellen.

2 Die Zwetschgen halbieren und entkernen. Auf eine Alufolie legen, Honig, Rosmarin und Zimt darüber geben. Einwickeln und ca. 2 Std. ziehen lassen.

3 Die Feigen halbieren und mit der Schnittfläche nach oben auf eine Alufolie legen. Honig sowie Orangenschale und Saft darüber verteilen und die Feigen in die Folie einwickeln.

4 Den Grill anheizen. Die eingewickelten Zwetschgen ca. 15 Min. auf dem heißen Grill garen. Die eingewickelten Feigen mit der Alufolie auf den Rost des heißen Grills legen und ca. 10 Minuten beidseitig garen.

5 Die fertigen Zwetschgen und Feigen auf Tellern anrichten und das Eis dazu servieren. Das Dessert evtl. mit etwas Minze garnieren.

Getränkeempfehlung
Gegrillte Feigen

Añejo Rum
Matusalem

Dominikanische Republik
(38 % Vol. Alkohol)

Dieser Rum ist ein typisch jungendlich-frischer Einsteiger-Rum nach kubanischer Tradition. Ein Blend aus hochwertigen Rum, nach dem bekannten Solera-Verfahren hergestellt. Mild, weich mit delikater und ausgeglichener Aromastruktur.

Feigen,
Gemüse- und Obstabteilung,
Käfer Feinkostladen

Gegrillte Mango
mit Zitronengras-Limetten-Eis

Für die Mango

2 Mangos
1 Stange Zitronengras
100 ml Ahornsirup
Saft von 2 Limetten

Für das Eis

2 Stangen Zitronengras
300 g Sahne
100 ml Milch
110 g Zucker
100 g Eigelb (von 3-4 Eiern)
Saft und Zesten von 2 Bio-Limetten

Für den Blätterteig

1 Packung Blätterteig (Kühlregal)
50 g Zucker
Melisse und frische Himbeeren zum
Garnieren

1 Die Mangos schälen, in ca. 1 cm dicke Scheiben schneiden und diese in einen verschließbaren Behälter geben. Das Zitronengras leicht anklopfen und gemeinsam mit dem Ahornsirup, den Limettensaft über die Mangos geben. Die Mangostücke in der Marinade ca. 6 Std. ziehen lassen.

2 Für das Eis das Zitronengras anklopfen und gemeinsam mit der Milch, Sahne und dem Zucker aufkochen lassen. vom Herd nehmen und kurz auskühlen lassen (Die Masse sollte ca. 80°C haben). Die Eigelbe einrühren, Limettensaft und –zesten dazu geben und die Masse komplett abkühlen lassen. Die Eismasse in die Eismaschine füllen und cremig fest frieren lassen. Das Eis zum Aufbewahren in eine vorgekühlte Gefrierbox mit Deckel füllen und ins Tiefkühlfach stellen.

3 Den Blätterteig mit dem Zucker bestreuen und dünn ausrollen. Dann aus dem Blätterteig Kreise von ca. 7 cm Durchmesser ausstechen.

4 Den Grill anheizen. Den Rost leicht einölen. Die Mango aus der Marinade nehmen und auf dem heißen Grill von beiden Seiten 2-3 Min. grillen. Die Blätterteigkreise unter mehrmaligem Wenden grillen, bis der Zucker leicht karamellisiert.

5 Die gegrillten Mangoscheiben auf einer länglichen Platte nebeneinander anrichten, das Eis in Kugeln dazwischen platzieren und den Blätterteig daran anlehnen. Ganz nach Belieben mit frischer Melisse sowie Himbeeren garnieren.

Thomas Kahl, Küchenchef
Restaurant Käfer-Schänke

Bio-Molkerei Andechs

NATÜRLICHES NATÜRLICH BELASSEN

Angefangen hat es 1908: Bereits damals bewiesen die Urgroßeltern der Familie Scheitz Mut und Unternehmertum, im Dorfkern von Erling-Andechs eine eigene Käserei zu verwirklichen. Für die Wahl des Ortes hinter der Dorfkirche ist der Urgroßvater verantwortlich. Der fand nämlich, dass sein würziger Käse so gut zum Klosterbier aus Andechs passt. Zwei Generationen später, 1976, bewies der Vater von Barbara Scheitz, eine der drei Urenkel die heutige Geschäftsführerin der Bio-Molkerei, erneut Pioniergeist und baute die Käserei zu einer stattlichen Molkerei aus. 1980, nur 4 Jahre später wurde erstmals ökologisch erzeugte Milch verarbeitet. Die Bio-Milch stammt von verbandszertifizierten Bauern, die in ihrem eigenen Kreislauf wirtschaften, zum Schutz der Böden, des Grundwassers, von Flora und Fauna und Stabilisierung der Biodiversität.

1987 wurde ein größeres Betriebsgebäude am Ortsrand gebaut, in das die Molkerei und die Mitarbeiter 1988 übersiedelten. 1994 entschloss sich Familie Scheitz, neben Kuhmilch auch Ziegenmilch zu verarbeiten. Nicht nur deren Eiweißstruktur hatte es ihnen angetan, auch der einzigartige Geschmack. Getreu ihrem Leitsatz »Natürliches natürlich belassen« stellen sie gute Produkte für Verbraucher her, wirtschaften dabei nachhaltig und erhalten so die Um- und Mitwelt. Das schmeckt man auch bei jedem einzelnen Produkt der Bio-Molkerei aus Andechs.

Piña Colada
vom Grill

Für die Marshmallows

8 Blatt Gelatine
250 g Zucker
390 ml Kokossirup
2 EL Zitronensaft
2 Eiweiße (60 g)
4 EL Kokosraspeln

Für die Ananas

1 reife Ananas
1 Vanilleschote
8 cl Rum
Außerdem
Zucker-Thermometer
Backform (15 x 30 cm)
Holzspieße

1 Für die Marshmallows die Gelatine in kaltes Wasser einweichen. Zucker, 340 ml Kokossirup und Zitronensaft ein einen Topf geben und auf 125 °C erhitzen (mit dem Zucker-Thermometer überprüfen). Das Eiweiß in der Küchenmaschine aufschlagen, den heißen Zuckersirup unterrühren und weiter schlagen. Den restlichen Kokossirup erwärmen, die Gelatine leicht ausdrücken und im warmen Sirup auflösen. Diese Mischung zum Eiweiß geben und alles ca. 10 Min. weiter schlagen lassen, bis die Masse schaumig wird.

2 Den Boden der Form mit Kokosraspeln auskleiden. Die Marshmallowmasse in die Form füllen, gleichmäßig verteilen und mit Kokosraspeln bestreuen. Abdecken und ca. 12 Std. trocknen lassen, bis die Masse fest geworden ist.

3 Die Ananas schälen und in 2 cm dicke Scheiben schneiden. Aus den Scheiben Kreise von 4 cm Durchmesser ausstechen. Die Vanilleschote der Länge nach aufschlitzen und das Mark herauskratzen. Den Rum mit dem Vanillemark mischen und die Ananasstücke damit für 12 Std. marinieren.

4 Die Holzspieße für 30 Min. in kaltem Wasser einweichen. Aus der Marshmallowmasse Kreise von 4 cm Durchmesser ausstechen. Abwechselnd die Marshmallows und Ananas auf die Holzspieße stecken.

5 Den Grill anheizen. Den Rost leicht mit Öl einpinseln. Die Marschmallow-Ananas-Spieße von beiden Seiten 1-2 Min. grillen.

Getränkeempfehlung
Piña Colada

Grappa Nonino
Antica Cuvée Riserva

Friaul, Italien
im Holzfass gereift

Die Cuvée aus den Rebsorten
Cabernet Franc, Merlot und
Refosco, geben diesem Grappa
ein regionaltypisches Aroma.
Streng limitiert und im Barrique
ausgebaut. Samtig warmer
Geschmack nach Gebäck, Vanille
und kandierten Früchten. In
Kombination mit Piña Colada
vom Grill mal was anderes.

Nonino Distillatori

GRAPPA

Die Familie Nonino widmet sich bereits seit 1897 der Herstellung von feinstem Grappa. Die heimatverbundene Familie verwendet fast ausschließlich Trester ursprünglicher Rebsorten, die teilweise bereits vom Aussterben bedroht waren. Noninos unermüdlicher Einsatz zur Erhaltung dieser einheimischen Sorten ist einzigartig in Italien. Mit der Grappa-Kollektion »Cru Monovitigno« wurde die Grappaherstellung in Italien revolutioniert. Erstmals wurde Trester aus verschiedenen Einzellagen, Rebsorten und Jahrgängen getrennt gebrannt und abgefüllt. Diese Grappe sind begrenzt verfügbar und werden in mundgeblasene Flaschen gefüllt, um ihre Reinheit und ihren besonderen Wert hervorzuheben.

Grappa wird bei 12°C in einem tulpenförmig geöffneten Glas serviert. Vor dem Verkosten sollte der Grappa einige Minuten im Glas ruhen, durch die Sauerstoffaufnahme kommt der Geruch zur Geltung und die Harmonie Nase-Gaumen wird noch vollkommener. Schluck für Schluck nach dem Essen oder aber auch zu jeder Tageszeit ist er unvergesslich!

Rezeptverzeichnis

Unsere Lieferanten

BIO-MOLKEREI ANDECHS: www.andechser-natur.de

CRUSTA NOVA: www.crustanova.com

GENUSSMANUFAKTUR LUKASHOF: www.lukashof.com

LE PALUDIER: www.lepaludier.com/fr

LUCE DELLA VITA: www.lucedellavite.com/de

MARCUS LIND: gewuerzexperte.wordpress.com

NONINO DESTILLATORI: www.grappanonino.it/de

SPARGELHOF KOPPOLD: www.spargelhofkoppold.de

RAMOS PINTO: www.ramospinto.pt

ROBERT SCHLUMBERGER: www.privatkeller.at

AVIGNONESI: www.avignonesi.it/de

WILHELM MÄRZ FLEISCHGROSSHANDEL: www.maerz-fleischgrosshandel.de

CHÂTEAU CHANTALOUETTE: via www.schlumberger.de

Und unter shop.feinkost-kaefer.de.

Impressum

© 2016 teNeues Media GmbH & Co. KG, Kempen
© Feinkost Käfer GmbH
Alle Rechte vorbehalten

Herausgeber: Feinkost Käfer GmbH
Rezepte: Thomas Kahl, Restaurant Käfer-Schänke
Projektleitung: Véronique Grübl, Melanie Haizmann
Fotos: Mathias Neubauer
Foto Seite 138: Fotostudio Krammer
Foodstyling: Manuel Weyer
Design & Layout: Martina Baldauf, Björn Fremgen
Herstellung: Nele Jansen
Bildbearbeitung und Proofing: Robert Kuhlendahl, Jens Grundei
Zeichnung Trauben: moonshine/123rf.com

Published by teNeues Publishing Group

teNeues Media GmbH & Co. KG
Am Selder 37, 47906 Kempen, Germany
Phone: +49-(0)2152-916-0
Fax: +49-(0)2152-916-111
e-mail: books@teneues.com

Press department: Andrea Rehn
Phone: +49-(0)2152-916-202
e-mail: arehn@teneues.com

teNeues Publishing Company
7 West 18th Street, New York, NY 10011, USA
Phone: +1-212-627-9090
Fax: +1-212-627-9511

teNeues Publishing UK Ltd.
12 Ferndene Road, London SE24 0AQ, UK
Phone: +44-(0)20-3542-8997

teNeues France S.A.R.L.
39, rue des Billets, 18250 Henrichemont, France
Phone: +33-(0)2-4826-9348
Fax: +33-(0)1-7072-3482

www.teneues.com

ISBN: 978-3-8327-3339-1

Gedruckt in Spanien von Estellaprint

Bibliografische Information der Deutschen Nationalbibliothek
Die Deutsche Nationalbibliothek verzeichnet diese Publikation in der Deutschen Nationalbibliografie; detaillierte bibliografische Daten sind im Internet über http://dnb.dnb.de abrufbar.